"十四五"时期国家重点出版物出版专项规划项目

国家出版基金项目
NATIONAL PUBLICATION FOUNDATION

中国生物学教育研究丛书

赵占良 主编

中学生物学
科学过程技能的培养研究

王健 姚舒 周有祥 等 著

广西教育出版社
·南宁·

图书在版编目（CIP）数据

中学生物学科学过程技能的培养研究 / 王健等著
. -- 南宁 : 广西教育出版社 , 2021.12（2023.1 重印）
（中国生物学教育研究丛书 / 赵占良主编）
ISBN 978-7-5435-8914-8

Ⅰ . ①中… Ⅱ . ①王… Ⅲ . ①生物课－教学研究－中学 Ⅳ . ① G633.912

中国版本图书馆 CIP 数据核字 (2021) 第 225607 号

策　　划：廖民锂　潘姿汝　黄力平
责任编辑：农　郁　　**装帧设计：**李浩丽
责任校对：卢佳慧　何　云　**责任技编：**蒋　媛

出 版 人：石立民
出版发行：广西教育出版社
地　　址：广西南宁市鲤湾路 8 号　**邮政编码：**530022
电　　话：0771-5865797
本社网址：http://www.gxeph.com
电子信箱：gxeph@vip.163.com
印　　刷：广西民族印刷包装集团有限公司
开　　本：787mm×1092mm　1/16
印　　张：11.5
字　　数：175 千字
版　　次：2021 年 12 月第 1 版
印　　次：2023 年 1 月第 2 次印刷
书　　号：ISBN 978-7-5435-8914-8
定　　价：29.00 元

○ 序 ○

2001 年，叶佩珉教授主编的“学科现代教育理论书系・生物学”由广西教育出版社出版。这套丛书系统总结了我国改革开放以来中学生物学教育在课程论、教学论、学习论、实验论、测量评价理论等方面的研究成果，在我国中学生物学教育领域产生了广泛影响。

20 年过去了，在中国共产党 100 周年华诞，党团结带领全国人民全面建成小康社会，实现第一个百年奋斗目标，正意气风发地向着全面建成社会主义现代化强国的第二个百年奋斗目标迈进之际，回首 21 世纪的第一个 20 年，我们不禁感慨，我国的中学生物学教育也走过了一段极不平凡的探索历程。这 20 年，是新一轮基础教育课程改革从启动到深化的 20 年。在这 20 年中，我们经受了新课程理念的洗礼，实施新课标，使用新教材，探索新的教学方式和考试评价方式，改革创新的热潮一波又一波地兴起，新观点、新模式、新经验不断涌现。从总体上看，我国的中学生物学课程、教材和教学的质量和水平，已经迅速赶上了时代，极大缩短了与发达国家的距离，具有中国特色的生物学课程教材体系和学术话语体系正在形成。当然，还有许多问题需要研究，也有不少挑战需要面对，一些困惑需要破解。

展望开启新征程的未来 30 年，我们更是豪情满怀。未来 30 年，中学生物学教育更是大有可为的，并且应该大放异彩！为实现第二个百年奋斗目标培养人才，是我们每一位教育工作者肩负的重任。如何让生物学教育更好地服务于立德树人根本任务，更好地服务于国家创新驱动战略的实施？如何让生物学课程更加充分地彰显育人价值，使它在“培根铸魂、启智增慧”中发挥独特的作用？这是每一位生物学教育工作者应该认真思考和研究的问题。

站在新的历史交汇点上，总结我国这20年中学生物学教育的理论与实践研究成果，研究新时期我国生物学教育面临的任务和挑战，构建中国特色生物学教育理论体系和课程教材体系，探索生物学教育高质量发展的实践路径、策略和方法，是时代的需要，是生物学教育研究者的责任，也是广西教育出版社策划、我和诸位作者一道撰写“中国生物学教育研究丛书”的出发点。

我作为本套丛书的主编，主要思考和解决三个问题：写哪几本书？找谁写？如何写？

写哪几本书？我的思路是从问题到选题。这里所说的“问题”，多数是我国中学生物学教育理论和实践研究中长期关注的问题，如概念教学问题、实验教学问题、学生科学过程技能培养问题、国际教材比较问题、信息技术与生物学教学融合问题等。这些方面的研究虽然已有丰富的成果，但随着时代的发展，还有许多问题需要与时俱进地继续研究；有些是近年来研究的热点问题，如学业评价问题、STEAM教育问题等，这些方面的研究虽然热度很高，但体现生物学学科特点、系统而实用的研究不多，有较大影响力的原创性研究成果更少；有些则属于需要重视但缺少系统深入研究的问题，如课堂教学行为分析的科学化问题、农村课程资源的开发和利用问题。问题梳理出来了，选题也就随之确定了。

找谁写？我借助自己长期担任中国教育学会生物学教学专业委员会理事长的便利条件，大致了解到圈内同行近期研究的方向和成果，比如，崔鸿教授团队对学业评价有较深入的研究，王永胜教授前些年承担了农村课程资源研究课题，谭永平编审承担过生物学课堂教学行为分析研究课题，李高峰教授联合众多大学和中学教师集体攻关、开发本土化的STEAM教育课程，王健教授在科学过程技能培养方面学术视野宽广，解凯彬教授关于中学生物学实验教学的讲座在全国广受欢迎，黄世勇主任带领中山市的老师们在信息技术与学科教学融合方面进行了多年不懈的探索，张秀红博士在人民教育出版社做了为期两年的国际高中生物学教材比较研究，等等。于是，我请他们分别担纲相应选题的撰写。只有“概念教学论”这一本，本来想请这方面的专家胡玉华教授写的，但她因为其他工作太忙而无暇承担，情急之下，加之广西教育出版社的热诚鼓励，我就不自量力地将它放在自己名下了。应该说，除我之外，其他八本书的担纲者都是在相应领域有较深入的研究、有较高学术造诣的专家，自然是能够胜任书稿撰写的。这里并没有“要写此书，非他莫属”的意思。中国之大，藏龙卧虎，我们抱有“苔花如米小，也学牡丹开”的心态。

如何写？首先要明确为谁写。虽然这套丛书的读者范围包括高校生物学教育专业的教师和研究生，但主要还是面向广大中学生物学教师和教研人员（以下统称“教师”）。因此，必须让教师觉得这套书有用、好用。这就需要针对教师的需求来写，而教师的需求是多方面、多层次和多样化的。教师有提升专业素养或学科教学知识（PCK）的需求，也有对教学资源、工具和环境的需求；有的教师更需要提升理论修养，有的教师更需要实用的方法；有的教师更需要提升教学成绩，有的教师更需要探索实践育人。一套书旨在满足教师什么样的需求，是由其选题定位决定的。本丛书名称中的“研究”二字，说明它不是一般的教学参考书，也不是教学设计和教案，更不是教学辅助资源，而是反映我国生物学教育研究成果的系列专著，重在针对教育教学中存在的实际问题，总结相关理论研究成果和实践经验，提出未来深化改革、提高学科育人功能的基本原则和具体举措。换言之，本丛书主要是满足教师提升专业素养和综合能力的需要，助力教师专业发展。当然，本丛书突出的“研究”，并不是“象牙塔”中的纯学术的研究，而是扎根于课程设计、教材编写和教学实施等方面活生生的实践，触角伸向教和学的各方面和各环节，具有理论与实践密切结合、学术性与实用性相得益彰的显著特点。

为了写好这套书，广西教育出版社于 2019 年 2 月在北京专门召开编写启动会，各册主要作者围绕丛书框架体系、编写思路、内容、体例等进行了热烈而深入的讨论。在确定丛书上述定位的基础上，我们还就丛书的编写要求达成以下共识：一是落实新课标中“核心素养为宗旨”的理念，将发展学生的生物学核心素养作为贯穿各册内容的一条主线；二是注重一般理论与生物学学科特点的有机结合，避免生搬硬套、“穿靴戴帽”，要着力实现教育教学一般理论在生物学学科中的创造性转化；三是要立足本土、借鉴国外，对国外的教育教学理念和方法，要在消化的基础上，根据我国经济、社会、文化和教育教学特点有选择地吸收，力求构建有中国特色的生物学教育理论框架、话语体系和实践路径；四是在继承的基础上创新，突出研究成果的原创性，正所谓“重复别人一百句名言不如说出一句自己的创见”，研究的目的是创新，而创新也离不开对优良传统的继承。

为了写好这套书，各册作者牺牲了节假日，夜以继日埋头苦干。针对作者较多的册次，开了许多次编写研讨会和统稿会，几易其稿，反复打磨。我作为丛书主编，谨向大家致以由衷的敬意和谢忱！

在本丛书还未完全成稿之际，欣闻它荣获国家出版基金资助，这让我们备受鼓舞，也更加感到责任重大。感谢北京师范大学刘恩山教授和华东师范大学郑晓蕙教授在基金申报中的热情推荐。感谢广西教育出版社在选题立项、编辑加工和出版发行工作中的大力支持和倾情付出。感谢学界先贤同侪在各自论著中奉献的智慧和经验，这些著述带给我们多方面的滋养和启迪。

我们深知，任何一个学科的教育教学都是一个复杂的、开放的、动态的系统。相比之下，我们每个人的视野都太有局限性了，费九牛二虎之力捕捉到的也许只是这个系统的一鳞半爪，甚至是幻影假象。何况中学生物学教育领域需要研究的问题和已经涌现的成果，绝不仅限于本丛书所囊括的九个方面。好在世界上完美无缺的事物是不存在的，正如没有一种生物能够完全地、绝对地适应环境一样。如果本丛书能够给广大同行一些理论上的启发和行动中的参照，能够为我们情之所系的生物学教育事业增砖添瓦，我们就甚感欣慰了。至于书中的偏颇疏漏之处，还望读者批评指正。

赵占良

2021 年 7 月 31 日

○ 前　言 ○

发展学生的科学过程技能是科学教育的重要目标之一。人们对科学过程技能的认识大致经历了三个阶段。起初人们认为科学过程技能就是一些独立的技能，例如观察、测量、控制变量、设计实验、数据分析等，无论是课程设计还是教学实践，都对学生的单项技能进行独立设计和培养。后来，研究人员逐渐发现这种培养方式导致学生获得的技能都是碎片化的，无法解决真实的科学问题。由此，科学探究能力逐渐得到重视。科学探究能力旨在将不同的科学过程技能整合到同一项研究中，使得学生能够在探究式学习活动中不断发展各项技能。无论是课程标准，还是教学实践，都注重通过整合的方式对学生的科学过程技能进行进阶式培养，这种做法取得了一定的成效。但与此同时，原有的问题依然没有得到彻底解决，学生解决真实科学问题的能力没有得到本质性的提升。此时，研究人员进一步发现，探究式学习的问题情境不能是虚拟的，应该来自现实生活。基于此，自 21 世纪以来，科学教育领域掀起了基于真实问题情境培养学生科学实践能力的热潮，各国的课程标准都将培养学生的科学实践能力作为一项重要的任务。

对于科学过程技能，无论采用何种名称，其根本目标是提升学生运用科学方法、思维、技能、知识等解决真实问题的能力。在教学中，学生的科学过程技能习得需要遵循何种规律，用于支撑学生学习的教育学和心理学理论有哪些，在教学实践中可以通过哪些策略或途径培养学生的科学过程技能，如何评价学生的科学过程技能水平，以及如何运用多种技术培养学生的科学过程技能等，都是需要厘清和回答的重要问题。

为了回答以上问题，编写团队在做了大量文献研究的基础上，通过理论分析，结合教学案例和实证研究，编撰了这本书，以期为同行的教学和研究提供参考和借鉴。

本书共有五章内容，分别是科学过程技能概述，科学过程技能的学习理论，科学过程技能的培养策略与途径，科学过程技能的评价，技术在科学过程技能培养中的应用。第一章和第四章由王健执笔，第二章和第三章由姚舒执笔，第五章由周有祥、张双凤和李英芳执笔，全书由王健统稿。

本书的内容适合多个读者群体，如中小学各科学学科课程标准研制者、课程开发者、教材编写者、一线教师、教研员、高校和研究机构的研究人员，以及在校师范生和研究生等。

由于著者才疏学浅，学艺不精，加之时间仓促，书中疏漏之处在所难免，敬请广大读者批评、指正。

王健

2021年10月7日于北师大

○ 目　录 ○

第一章

科学过程技能概述

科学过程技能是科学教育的重要内容，培养学生的科学过程技能是科学教育的重要目标。从发现教学法开始，科学课程一直强调学生在自主探索的过程中不断认识自然界，构建科学概念，同时掌握基本的科学研究方法和技能，这些技能被称为科学过程技能。在不同的发展时期，科学过程技能的构成要素各不相同，这些技能可以分为基本技能和综合技能。由于科学过程技能对学生科学素养的提升至关重要，因此各个国家的科学课程标准纷纷将其纳入课程内容的要求中，使得科学过程技能的培养与学生概念的构建有机地融为一体，从而充分地发挥其教育功能。

第一节　科学过程技能的缘起与发展

科学过程技能的缘起与发现教学法有着不可分割的联系。随着科学教育的不断发展，科学过程技能从最早的过程观点，逐渐发展到科学探究和科学实践等阶段，至今已形成较为完备的理论体系。

一、发现教学法

1. 发现教学法的提出

布鲁纳是著名的心理学家和教育家，他吸取了格式塔心理学和皮亚杰的发展心理学学说，批判继承了杜威的教育思想，逐渐形成了“发现学习”的模式和理论。布鲁纳认为，从最广泛的意义上来看，认知力量或智慧乃是人获得知识、保持知识以及将知识转化成他本人的工具的能量。[1] 智慧的内在本质是适应，智慧活动是一种连续不断的构造过程。行为主义与认知主义最大的区别在于，行为主义强调影响个体观察的最重要因素是所观察的对象本身以及当时的观察条件，而认知主义则认为个体在观察对象时会受个人因素的影响，不同的人对同一事物的知觉会有相当大的差异。认知心理学更加关注人是如何思维和推理的，而不仅仅是对刺激做出反应。布鲁纳是皮亚杰“认知结构的发展心理学”理论的实践者，他倡导结构主义教育，提出知识结构论和学科结构论以应对在 20 世纪 50 年代试图培养大批科技人才的需求，着力改革中小学数学及自然科学课程。

---

[1] 冯克诚 . 认知发现学习理论与论著选读：第 1 卷 [M]. 北京：人民武警出版社，2011：77.

他在《教学论的定理》一文中指出，让学生牢牢掌握具有迁移力的知识结构是学校教育应当努力的最大课题[1]。“发现学习”是布鲁纳在适应学科结构运动的教育改革中提出来的学说，以皮亚杰的儿童智力结构发生、发展理论为心理学基础，希望学生掌握学科的基本结构，强调学生的认知结构和认知能力的发展在教学中的核心地位。

发现教学法注重学生学习的主动性和创造性，在学习中采用发现的方法，强调直觉思维的训练。与传统教学模式相比，发现教学法强调培养学生的探究性思维目标，使学习者通过体验所学概念、原理的形成来发展思维能力。教师的主要任务不是向学生传授现成的知识，而是为学生的发现活动创造条件、提供支持。因此，学生既要发展发现能力，又要掌握学科知识结构。

2. 发现教学法的基本观点

（1）强调知识结构和基本概念的学习。

在 1959 年伍兹霍尔会议（美国全国科学院召开的一次讨论改革中小学数理学科教育的重要会议）中，与会的学科教授、专家及心理学家发起对中小学课程改革的讨论，《教育过程》一书为大会讨论的总结报告。《教育过程》强调学生的认知结构及其发展在教学中的核心地位，即学习任何学科，主要是要使学生掌握该学科的结构，包括基本原理或基本概念，以及研究这一学科的基本态度或方法。[2]

另外，发现教学法观点认为，任何学科都可以通过某种形式对任何年龄的学生进行教学，所以要着重学习某学科的基本概念原理。不同年龄段可以学习相同概念，但要根据学生的思维水平，在不同学段采用不同的教学方式。学习应该包含两类迁移，一类是习惯或联想的延伸，另一类是原理和态度的迁移，用基本普遍的观念来不断扩大加深知识。基本原理能使学科更容易理解，领会基本原理和观念是训练迁移的基础。

强调知识结构和基本概念还体现在对学生使用教材的要求上。布鲁纳认为要由学科的基本结构组成螺旋式的教材，以便更好地让学生掌握学科

[1] 布鲁纳，钟启泉 . 教学论的定理 [J]. 外国教育资料，1987（1）：41-50.

[2] 布鲁纳 . 教育过程 [M]. 北京：文化教育出版社，1982.

的基本结构。另外，还需要重视学科的基本概念或原理的连续性。当然，学科基本结构不仅是一般原理，还包括学习态度和学习方法，如对待学习和调查研究，对待推测和预感，对待独立解决难题的可能性等，甚至还包括认知策略。

（2）强调主动学习。

学习的最好动机是让学生对所学材料本身发生兴趣，因此教师不宜过分重视奖励、竞争之类的外在刺激，应唤起学生对所要学习内容的兴趣，变被动为主动，防止学生处于被动的学习状态。发现学习理论特别关注学生内在动机的形成，而内在动机来源于学生对学科本身的兴趣。在结束某一部分的学习时，对于学习成果以成功失败或是以赏罚两种方式应对时，前者促进学生分析自我如何改进，后者则会影响学生进行自我分析。因此，鼓励学生对学习内容本身产生兴趣，是促进主动学习的关键。

开发有效情境是激发学习兴趣、促进主动学习的重要方式。特别是在大班的教学过程中，如何让课堂中 50 多名学生都对课堂产生兴趣，这是一个极大的挑战。激发学习兴趣看似容易，做起来却非常艰难。在应试教育影响下，学生的学习动机多靠父母和老师的奖惩等外部强化作用支撑[1]。想要培养学生对学习本身的兴趣，教师要使学习内容能够引起学生的注意力。比如，在教学中可以引入生活中熟悉的日常现象或是自然界中一些有趣案例，精心设计问题串，不断引发学生对现象的分析思考，并及时给予学生反馈。

但是很明显，若过分强调发现学习和主动学习，则会耗费大量教学时间，减缓教学进度。教师可以将发现学习和接受学习相互配合来进行实际教学。

（3）强调学习过程而非结果。

学习的实质是通过同化和顺应来建构新的认知结构，需经历新知识的获得、知识的转化、知识的评价三个阶段。因此，所谓知识，是过程，不是结果。知识并不能直接灌输给学生，这样是无效的。教学的目的是要学

[1] 肖少北 . 布鲁纳的认知：发现学习理论与教学改革 [J]. 外国中小学教育，2001（5）：38-41.

生亲自参与所学知识的体系建构，学会自己思考和发现知识。因此，课堂中对问题的解决是贯穿教学的主心骨，教学目的不是要学生记住教材中陈述的内容，而是要培养学生解决问题、发现知识的能力。学生应利用教师或教材提供的材料，亲自发现现象，积极思考，提出各种解决问题的可能途径和假设，教师再引导学生通过比较、评价，找出最佳的答案，解决问题并得出结论。

发现学习的过程中，教师需要根据学生已有知识和经验提供学科知识，做出猜想和假设。学生在设计实验时，需要掌握相关原理和方法；在构建解释时，需要将证据和知识建立联系。这些知识和技能一部分可以由教师提供，学生接受学习，但学生解决问题时运用的过程方法、思维方法、认知策略，也是教学过程中重要的目标，而这些并不能通过直接接受获得。

（4）强调直觉。

发现教学法认为学习者的直觉思维非常重要，而直觉思维的产生来源于学生主动参与思考，通过直觉思维，运用想象力，发展思维空间，充分调动积极的心智活动，为发现做准备。直觉思维也就是预感的训练，是正式的学术学科和日常生活中创造性思维的源头，它常被忽视却极其重要。直觉思维与学科知识相辅相成，直觉思维和分析思维相互补充，共同促进学生的学习。

布鲁纳的发现教学法强调教师应该鼓励学生利用探究科学的活动来发展直观和分析的技巧。他认为，儿童应该在教师的启发引导下，按自己观察事物的特殊方法去搭建学科知识的结构，借助教师提供的其他材料去发现事物。教师应给学生提供各种手段和工具，比如录像、模型等，扩大学生的经验范围。由此，学生可在活动中发现知识的产生过程，发展科学思维。

在发现学习的过程中，建立假设阶段主要依靠直觉思维的作用，它有三个特点：不确凿情境的内隐感知、多采取图像的呈现方式、非言语的过程。这三个特征使得直觉是抽象的、内隐化的，因此教师应在学生探究过程中让学生试着边做边想，而不是指示学生怎样做，帮助学生形成丰富的想象，防止学生过早语言化。

（5）学习与情感。

布鲁纳在《教学论的定理》一文中，对学习行为与个人情感之间的联系进行了阐述。他认为，学习的直接目标在于掌握知识，但价值观也与其掌握的知识有关；知识的内容以及知识的获得过程，也会对学生的价值观起到影响作用。在进行发现学习获得知识的过程中，学生进行科学观察，完成科学实验，记录数据，在反复实验中体会成功或失败，这无形中培养了他们实事求是、不轻言放弃的意志品格。而学习科学知识，对辩证唯物主义价值观的形成有着重要意义。[1]

3. 发现教学法与科学学习

（1）发现教学法与科学观念。

发现教学法理论认为，促进认知发展，应以学科知识结构的学习为主要任务，帮助学生在知识的整体与局部、本质与现象的联系中掌握知识[2]。前文提到，布鲁纳认为学习一门学科，要使学生掌握该学科的结构，包括基本原理或基本概念，以及研究这一学科的基本态度或方法。学生学习的观念越是基础就越具有普遍性，这些观念对新问题的适用性就越宽广，有助于解决在课堂外遇到的问题。这与当前“少而精”的科学教育理念相符。

科学观念是对观察到的自然现象进行抽象解释，是经过实证后的想法或观点，而对于中小学生而言，科学观念就是科学中最精华、最有价值的内容，是他们学习科学课程后获得的标志性的学习成果[3]。当前，国际上许多国家的科学课程标准都强调“大概念”（big idea），这些概念居于学科中心，是具有超越课堂的持久价值和迁移价值的概念。科学课程正是聚焦大概念来组织课程内容体系的。[4] 因此，在教学中，教师应引导学生通过发现法不断构建科学概念，进而形成科学观念。

---

[1] 布鲁纳，钟启泉．教学论的定理 [J]. 外国教育资料，1987（1）：41-50.

[2] 高文．建构主义研究的哲学与心理学基础 [J]. 全球教育展望，2001（3）：3-9.

[3] 刘恩山．生命观念是生物学学科核心素养的标志 [J]. 生物学通报，2018，53（1）：18-20.

[4] 刘恩山．课程内容少而精　教学过程重实践：高中生物学课程标准修订中期待完善的内容 [J]. 基础教育课程，2013（Z1）：67-70.

（2）发现教学法与科学思维。

科学思维作为科学课程核心素养的主要内容，是形成科学观念的重要途径，同时也是科学探究的重要组成部分。在中学科学课程中，科学思维主要指逻辑思维，包括比较与分类、归纳与演绎、分析与综合、抽象与概括、批判性思维，是形成概念、建构模型的重要思维。中学科学教育层面的科学思维，还包括激发学生崇尚真知、追求科学知识的认知动机。从动机、行为、方式、品质等方面培养学生的科学思维。

由此可以看到，科学思维的形成需要依托于具体的科学知识。发现法是学生通过教材亲自获得知识的一切形式，然而在科学思维的培养过程中，仅仅直接阐述思维的概念是没有意义的，因为思维的渗透表现在知识背景中。培养学生的归纳与演绎、分析与综合、批判性思维等科学思维，还需要给学生提供合适的探究学习材料，让他们在解决具体问题的过程中，培养具有科学观念的独特科学思维，比如生命系统思维、平衡思维、多因素思维、统一性与多样性思维。

（3）发现教学法与科学实践。

发现教学法强调的“发现”即在教师指导下学生主动参与学习，运用直觉思维和分析思维去发现知识，由此来学习知识的产生过程，这与“作为过程的探究”这一理念不谋而合。布鲁纳鼓励学生模仿科学家的科研活动以开发学生智慧潜力，强化内在动机，掌握解决问题的方法和策略。发现教学法突出学生学习的主体性和主动性，注重学习过程而不是结果，重视获得知识的方法而不仅仅是知识本身，这对于培养学生的创造力和良好人格十分重要，同时也为其未来的深入学习与探究发明奠定基础。

发现教学法的一般步骤是：激起学生好奇心，提出学生感兴趣的问题，激发探究动机；围绕问题，向学生提供有助于解决问题的材料或事实；协助分析材料，提出各种解决问题的可能途径和假设；引导学生审查假设，通过比较，选定最佳答案，解决问题。科学实践要求课堂探究活动重点培养学生的动手、动脑、动嘴能力，强调理论性探究应是课堂探究活动的主体，避免实验活动与教学内容分离，同时注重建模、建构科学解释、辩论在科学教育中的重要性。这些正是发现教学法所强调的内容。从形式上，儿童的认知发展经历了动作式、映象式和象征式三个阶段：在动作式阶段，儿童主要通过适当的动作来认识世界，只能“从做中学”；映象式阶段，儿童可以通过视觉图像或其他感觉表象对世界进行描述；象征式阶段的儿童可以借助语言或其他符号系统来储存或提取大量信息，借助符号进行推理、解决问题，最终能做出假设。因此，在不同的年龄阶段，科学实践的方式要有所不同，低龄儿童依旧需要以动手做为主，而到了高中阶段，实践内容则更加抽象，对推理、解决问题的能力要求逐渐提高。

二、科学教育中的“过程观点”

科学是一项人类实践活动。它来源于对自然现象的观察，因此，观察是第一项基本科学过程技能。随着人类文明的不断进步，对于科学的研究也不断深入，逐渐从定性研究转向定量研究，在这一过程中，测量、预测、实验等技能随之发展和广泛应用起来。

在学校教育中，科学过程技能的兴起正是源于布鲁纳提出的发现教学法。这一思想在当时引起美国科学教育界的强烈反响，影响了其后的科学教育改革。其间，产生了一批中小学科学课程。以美国科学促进协会研发的“科学：一种过程方式”（“Science：A Process Approach”，简称为 SAPA）科学课程为标志，中小学的科学课程将焦点转向科学过程技能的教学上来。此后，相继出现了许多以科学过程为核心和主线的课程，比较典型的课程有以下 4 个。

（1）美国全国科学基金会资助的 SCIS 课程（全称为 The Science Curriculum Improvement Study，科学课程改进研究），其目标是通过理解基本概念发展学生的科学素质、科学态度以及解决问题的能力。

（2）美国科学促进协会研制的 SAPA 课程是一套注重科学过程的课程，强调目标教学和目标的递进性，它是基于加涅（Robert M.Gagne）提出的“科学就是过程”（science as processes）这一观点而设计的。

（3）ESS 课程（全称为 The Elementary Science Study，小学科学学习）是一种综合性小学科学课程。

（4）英国的中学科学课程“Warwick 过程科学”（Warwick Process

Science）。Warwick 过程科学的课程简介中指出科学教育接下来所需要的是那些当我们需要的时候能利用，并最终增加信息库的能力。

自 20 世纪 60 年代起，科学课程发展迅速，许多国家先后开始了科学课程改革。他们以美国和英国的科学课程改革为榜样，纷纷成立了科学教育研究中心，引进美国或英国的新课程并加以本土化，以适应本国科学教育的需要。

根据已有研究，科学教育中的过程观点主要来源如下：

观点来源	科学教育中的“过程观点”
加涅有关科学和学习的过程 认知心理学强调认知过程。加涅将学习过程和科学过程整合为一体。他认为只有通过科学过程才能获取科学概念和原理。	学生应通过科学过程学习科学 学生应自己发现科学观点
皮亚杰的阶段学说 皮亚杰定义了一套认知心理运作/认知运思（cognitive operations）阶段，教育工作者对其都耳熟能详。“形式运算思维”（formal operational thinking）过程与科学学习具有很强的相关性。	学生应通过科学教育发展高阶思维技能 活动和经验对学习科学是必不可少的
心智训练（training the mind） 教育工作者对发展学生的思维能力很感兴趣。人们认为智力可以通过学习像拉丁语和文言文这些语言而得到训练，这一学习理论曾风靡一时。目前，仍可在学校课程中发现发展学生的高阶思维技能这一教学目标，有时它与科学过程相关。	学生应该发展科学的思维习惯 学生应学习科学研究（scientific investigation）
杜威与“做中学” 人们认为杜威是最先提出“做中学”的教育家。他开创了学校教育的一个新趋向。在教育工作者心中，“活动对学习至关重要”已是不争的真理。	学生应学习科学，以及科学家的学习和研究方式
科学哲学 哲学家分析科学的发展过程，试图理解和解释科学的本质和进步。科学教育工作者对这些理论都很熟悉，受其鼓舞而将关注的焦点放在科学过程和科学本质上。	教师应以研究活动的形式组织科学教学 教师应在科学实践过程中进行科学教学

图 1-1　科学教育中的“过程观点”

自从科学过程技能在理科教育中正式出现，它就受到教育界的高度关注和重视，在相应的理科课程中占据着非常重要的地位。加涅认为，学生在有能力从事探究之前，必须具有一定的技能和能力，这些技能即科学过程技能，学生必须首先要有广泛、概括化的背景知识以及一定的辨别能力。[1]

科学过程中的假设—演绎过程需发生在形式运算思维阶段，学生在教师设计的探究活动中能够更好地培养演绎推理、控制变量等综合科学过程技能，这个过程与教师的思维水平有关。

学生的心智训练一部分为科学思维的训练，学生需要在科学探究中学习如何进行探究和调动科学思维。“做中学”思潮的兴起，给探究教学提出具体要求，让学生在科学实验中更好地学习科学研究方法。

科学哲学方面，科学研究范式从基于理论的科学到构建实践科学的转变，更加强调科学研究中实践的重要意义。科学不仅仅通过观察来构建理论，同时也影响和构建人类社会的实践活动。理论构建之后，更要与现实世界对接，完成从理论到实践的转化。在科学教育中，科学实践不仅包括理论构建，还包括科学探究活动前期为做出假设进行的调查、建模，以及科学探究活动后的反思、交流和评价，并以此在诸多种类的科学实践过程中发展学生的科学素养。

三、科学探究与科学实践

科学过程技能需要在具体的活动中体现和培养。在科学教育中，科学探究和科学实践是重要的活动形式，因此它们承载着科学过程技能的培养功能。

1. 科学探究

只有在科学探究层面上的实验教学才能较好地培养学生的科学过程技能，只关注操作的实验并不能成为培养学生探究技能的途径和方法。因此，教师需要了解究竟什么是探究。美国国家科学研究委员会在《国家科学教

---

[1] 徐学福 . 美国“探究教学”研究 30 年 [J]. 全球教育展望，2001（8）： 57-63.

育标准》（National Science Education Standards，简称为 NSES）中给出了科学探究的定义：探究是一种多层面的活动，它包括进行观察，提出问题，确认已知的知识，制订调查研究计划，根据实验方面的证据评价已知的知识，用多种手段来搜集、分析和解释数据，提出解答、阐述和预测，以及交流结果。[1] 探究需要对假设进行证明，需要运用批判和逻辑思维，并考虑其他可供选择的解释。探究既是科学教育的目的，又是科学教育的方式。

探究教学本身具有两重含义：探究式教学和基于探究的教学，前者的教学方法为探究，后者的教学内容为探究。[2] 探究式科学教育是指在教师和学生共同组成的学习环境中，让儿童亲历科学探究的完整学习过程。在此过程中，学生应学习进行探究的方法，掌握核心的科学知识和概念，同时培养批判性思维及尊重事实、尊重别人、合作而主动积极的科学态度。在探究式科学教学的过程中，不同层次的探究活动有不同的侧重，但是对学生探究能力的培养来说，探究过程的各个环节是不能分割的。

从中可以看出，我们通常所说的探究教学指的是探究式教学，即以科学、知识为目的，实施探究的教学方法。在生物实验教学中，大多是以学习科学概念为主要目的进行探究式的教学活动。为了能够在实验教学中渗透科学过程技能的学习，需要将科学过程技能进行分解从而进行教学活动。

探究教学提出后，“做科学”成为探究教学的主流教学方式。但“做科学”并不等同于做实验。实验是人们根据科学研究的目的，运用科学仪器和设备等物质手段，通过控制或模拟所研究的自然现象，排除干扰，突出主要因素，在有利的条件下进行观察的一种经验方法。实验具有简化研究现象、强化再现研究对象、延缓和加速自然过程的作用。实验教学是科学课程的一种重要的教学方式，通常在实验室进行，也可以在教室、校园、家中进行，实验资源之丰富，为实验教学本身披上了多彩的外衣。但是实验教学也仅仅是一种教学方式，实验室是教学资源，只有在教师的巧

---

[1] National Research Council. A framework for K-12 Science education: practices, crosscutting concepts, and core ideas [M]. Washington, D.C.: National Academies Press, 2012.

[2] LEDERMAN N G, ABELL S K. Handbook of research on science education [M]. New York: Routledge, 2014.

手匠心下，实验教学才会成为探究教学，才能培养学生的探究思维和技能。日常教学需要区分实验教学和探究教学[1]。实验教学并不一定就是探究教学，这二者之间并非有直接联系，需遵循一定的原则，即实验活动需转化为探究课程才可以称之为探究教学。

“做科学”强调的是通过参与科学实践的过程学习科学，关注科学过程技能的发展，例如观察、分类、测量等，“学科学”强调的是科学理论或知识的建构过程，“理解科学”强调的是理解科学知识和科学方法的本质，这是三种不同层面的学习。我们希望学生在“做科学”过程中学到科学知识，进而理解科学本质，而科学过程技能则渗透在整个的生物实验教学当中。

学生学会“做探究”，是指学会科学活动中实践的过程技能，包括且不限于提问题、设计方法、选择工具、观察、测量、比较、做决定、分析、解释数据和交流。为了指导学生做探究，教师必须掌握科学探究的技能。研究指出，国内教师的科学探究过程技能欠缺，仅关注实验的步骤性操作，同时，教师对问题与探究过程、探究与试验、结论与数据收集等综合过程技能的认识不足，缺少对科学探究过程的基本认识。发展学生的探究能力，首先要求教师具备一定的探究能力，教师要有探究和不间断的实践过程的经历。[2]

综上，“做探究”是教师进行探究教学的一种方式，是让学生动手进行探究的课堂类型，与实验教学有重叠关系。探究教学有助于培养学生学习科学过程技能，教师应充分利用探究式教学，引导学生在做科学的过程中，学习真正的科学过程技能。

2. 科学实践

20 世纪 50 年代以来，“作为实践的科学”（science as practice）这一理念已经进入诸多学科的视野中。它把科学理解为一种实践过程，关注社会与文化在科学中的影响，全面体现科学属性。进入 21 世纪以来，科学教育界将其引入科学教育中。至此，科学教育的思想从作为内容和过程

---

[1] 王晶莹 . 科学探究论 [M]. 上海：华东师范大学出版社，2011：163.

[2] 同 [1]。

的科学，发展到作为探究和实践的科学。“作为实践的科学”关注科学活动的本质，将科学作为实践来看待，体现“学科学”与“做科学”的统一，体现科学的社会性，凸显科学的实践特质。

2011 年美国发布了《K–12 科学教育框架：实践、跨学科概念和核心概念》（*A Framework for K-12 Science Education: Practices*，*Crosscutting Concepts*， *and Core Ideas*，以下简称《框架》），其中提出的实践不同于技能，强调具体进行实践时不仅需要技能，而且还需要知识。实践与探究的区别在于，实践能够更好地解释和拓展探究在科学、认知、社会以及实践方面的含义。《框架》中的实践包括科学实践和工程学实践。

对于这一转变，其理念主要来源于两个研究领域：第一个领域是情境学习，真实情境中的学习研究表明个体的学习与学习过程所在情境紧密相连，知识是在实践中生成的，而不是被传递和习得的；第二个领域是有关社会学和人类学的研究，研究表明，科学知识和科学方法是分不开的。基于以上研究得知，科学知识是在特定的实践活动中生成和发展出来的，实践必然先于知识而存在[1]。因此，科学探究不可以独立于知识而存在，科学探究本身就是学习科学的途径。

因此，科学实践不可以独立于特定目标及知识，空泛地去发展实践技能，也很难在一个知识发展目标中完成所有的实践技能。比如在建构细胞模型的过程中就无法发展学生变量控制的实践技能，而在“检测生物组织中的蛋白质、还原糖、脂肪”的实验中则无法发展学生的建模技能。因此在《框架》中，科学实践、跨学科概念、学科核心概念三者互相联系，形成统一的整体。在此之前，探究标准往往与学科内容标准彻底分离，在课程实施过程中，科学探究与学科知识的联系需要实践者自己摸索。

作为实践的科学本质，其目的不停留在对世界进行观察，而是对世界进行介入和改变。科学家是实践者，而不是观察者。科学不但要理解世界，更要改变世界。科学不仅是认知行为，更是一种生产性活动和生产性制度。

---

[1] 肖思汉，SANDOVAL W A. 科学课堂上的“探究”与“实践”有何不同 [J]. 课程・教材・教法，2017，37（12）：110-115.

科学过程不仅要观察和思考，更要交流和操作；科学结果不仅形成理论，更要纳入人类实践体系重构生活。[1] 因此，科学来源于实践，又回归到实践当中。在科学教育领域，从作为内容的科学到作为过程的科学，到作为探究的科学，再到作为实践的科学，科学教育在不断发展之中。在以往的教学实践中，探究被错误理解，以至于将科学探究等同于学习科学方法，假设、预测、科学解释等理论思考被忽视 [2]，而这些正是真实科学研究中意义重大的部分。因此在科学教学中，应充分体现理论性探究和科学的社会性活动特质。《框架》中指出，实践时不仅需要技能，还需要知识，将科学实践定义为科学探究所需要的一系列认知的、社会的和行为的活动。

《框架》中提出学生可以进行的科学实践主要有以下 8 种：提出并定义问题；开发并使用模型；计划并实施研究；分析并解释数据；运用数学、信息及计算机技术、计算式思维；建立解释或设计解决方案；参与基于事实的论证；获取评价并交流信息。[3] 强调学习科学和工程，包括将科学解释的知识和参与科学研究以及工程设计所需要的实践整合起来，相互匹配。但需要明确的是，科学实践并不是由一系列要素构成的固定程序，而是科学探究所指向的不同类型的活动。科学教育的学习需要将知识和实践整合起来，因此解释知识和实践必须相互匹配。

3. 科学实践与科学探究的区别与联系

从概念层面来看，科学实践包含科学探究，探究过程实际上也是实践活动。但实践更偏向知识的产生，强调与学科知识的结合和知识生产的过程。而探究更多的是验证已有的知识，内容与过程容易发生分离。在实践型课堂中，探究的过程打破了固化的步骤，并且尽可能让学生探索知识论层面的问题，比如“你怎么知道你说的是对的”，鼓励学生表达自己的观点，反思观点的来源、证据与可靠性等。因此，实践型课堂中强调语言交

[1] 李正风 . 实践建构论：对一种科学观的初步探讨 [J]. 哲学研究，2006（1）：65-71.

[2] 唐小为，丁邦平 .“科学探究”缘何变身“科学实践”？：解读美国科学教育框架理念的首位关键词之变 [J]. 国际视野，2012（11）：141-145.

[3] 王磊，黄鸣春，刘恩山 . 对美国新一代《科学教育标准》的前瞻性分析：基于 2011 年美国《科学教育的框架》和 1996 年《国家科学教育标准》的对比 [J]. 全球教育展望，2012（6）：83-87.

流的重要意义，因为组织课堂讨论、形成交流规范、引导学生说出自己的观点以及反思过程、辨别观点等，都需要通过语言或文本来体现。评价不再是教师一人的环节，学生也需要参与评价，因此与科学探究相比，科学实践更多地体现在课堂话语和互动层面。

从活动方面来看，科学探究重视完整研究过程，科学实践关注具体学生活动，且需要让学生从机械模仿转向真正参与认识论实践。科学实践更加关注的是在探究过程中产生知识，除了在真实世界进行的活动之外，也包含应用理论和模型进行进一步探究，以及进行科学社会性活动（即交流和论证）。[1]

从知识方面来看，科学探究与知识并列，而科学实践与知识融合。科学探究各环节间没有交叉，而科学实践的各活动间有交叉，并随着年级升高，不同实践要素之间的交叉更多。

无论是科学实践，还是科学探究，都是在情境背景下对科学知识获得过程的探索，二者各有偏向，却都离不开提出问题、解决问题、构建知识结构的核心目标。科学实践作为一个新的概念，已经逐渐出现在政策文件和研究论文当中，但目前对科学实践的解读以及在具体学科中的案例还比较少，特别是对于如何完成提出问题这一目标很少有相应的课堂案例。不得不说，在真正的科学研究中，科研人员认为提出科学问题的能力是最为关键的能力，也最能够体现一个人的创新素养。对课堂教学的一线教育工作者来说，无论是科学探究，还是科学实践，概念的解读也许并不是最为重要的，与课程内容对应的、明确的目标要求、实施策略和路径、评价标准以及各种可以用于实践的情境知识内容材料，才是一线课堂最为期待的研究成果。

---

[1] 卢姗姗，毕华林．从“科学探究”到“科学实践”：科学教育的观念转变 [J]. 教育科学研究，2015（1）：65-70.

第二节　科学过程技能的内涵与分类

科学过程技能与科学探究和科学实践密不可分，包括多种不同的技能，例如观察、控制变量、实验等。这些技能又可以根据对学生认知要求的不同程度分为基本科学过程技能和综合科学过程技能。明晰不同技能的内涵，对于在教学中落实对学生科学过程技能的培养具有重要的价值。

一、科学过程技能的定义

对于科学过程技能，不同的专家有不同的定义方式。下面是几种被普遍采用的定义。

Funk[1] 认为科学过程技能是指科学家用来研究自然界的技能。

Padilla[2] 指出学校教育的一个最重要且最为普遍的目标是教给学生如何去思考……由于科学学科非常强调假设、控制周围的物理环境，并从数据中进行推理，因此，科学过程技能在达成这一目标时起着不可替代的作用 。“科学方法”“科学思维”“批判性思维”等词语都被用于描述这些科学技能。当今，最为常用的一个词是“科学过程技能” 。SAPA 科学课程将这些技能看作是一系列可以广泛迁移的能力，能够反映出科学家的行为，适用于许多理科课程。科学过程技能构成了科学家进行科学研究所需的程序性知识的一部分，因此它可以被更加具体地定义为科学过程技能所涉及的进行科学研究的过程（doing science）。这些技能因所从事的研究类型不同而有所差异，但是它通常都会包括通过科学方法而进行的工作，这些工作既包括实验研究，也包括历史研究。

Arena[3] 认为科学过程技能就是科学家在进行科学研究时所发生的一系列事件。

---

[1] FUNK J H. Learning science process skills [M]. Iowa: Kendall / Hunt Publishing Company, 1985: 5-17.

[2] PADILLA M J. The science process skills [EB/OL]. (1990) [2021-8-17]. https: //narst. org /research-matters /science-process-skills.

[3] ARENA P. The role of relevance in the acquisition of science process skills [J]. Australian science teachers journal, 1996, 42(4): 34-38.

根据以上的不同定义，可以看出它们有一个共同之处，即均认定科学过程技能是进行科学研究时所涉及的一系列技能。因此，无论采用何种定义方式，它们的本质都是相同的。

二、科学过程技能的构成

科学过程技能由一系列技能构成。但由于科学学科的多样性以及科学快速发展的特点，并不存在一个综合且权威的科学过程技能列表。这种技能既包括通用的技能，也包括学科特有的技能。而在许多国家的科学教育标准中，通常包含的都是那些通用的技能。

SAPA 科学课程列出了 13 项科学过程技能，分别为观察、分类、测量、推理、交流、使用数字、预测、运用时空关系、对照实验、下操作定义、形成假设、解释数据、进行实验。

Brotherton 和 Preece[1] 则列出了 18 项技能，分别为观察、分类、推理、交流、记录、使用数据、预测、运用时空关系、控制变量、收集数据、测量、科学思维、制作图表、做假设、解释数据、建立模型、进行实验和下可操作性定义。

国际生物学奥林匹克竞赛（International Biology Olympiad，简称为 IBO）将科学过程技能作为一项重要的技能要求，它分别从 11 项技能对学生的能力做出了要求。这些技能包括：观察、测量、分类、发现关系、计算、数据的组织和展示（图形、表格、示意图、照片等）、预测、形成假设、识别和控制变量、实验（实验设计、实验操作、数据记录、解释数据、得出结论）、用恰当的精确度来表示数据结果（小数的位数）。南非的课程文件“South African Revised National Curriculum Statement Grades R-9 for the Natural Sciences: Teachers Guide for the Development of Learning Programs”就直接引用了 IBO 中的科学过程技能列表。

综上所述，科学过程技能大致包括观察、分类、测量、预测、推理、

[1] BROTHERTON P N, PREECE P F W. Science process skills: their nature and interrelationships [J]. Research in science and technological education, 1995, 13(1): 5-11.

交流、识别和控制变量、运用时空关系、做假设、下可操作定义、解释数据、进行实验、建立模型等内容。

三、科学过程技能的内涵

观察是指利用五官和一些工具来观察事物和自然现象。观察技能是每个人一生中都要进行的一项重要活动。许多人认为观察与理论无关，但实际上观察通常与我们所持有的理论观点相关，并依赖于我们已有的理论观点。儿童的观察能力实际上与他们在复杂的环境中识别其各组成要素的学习过程有关。学生只有掌握了这一学习过程，才有可能进行科学的观察。在科学课程中，精确的观察占据着重要的地位，教师要做的不仅仅是让学生进行观察，更重要的是训练学生如何进行科学的观察。也就是说，要帮助学生观察周围的环境，引导其发现观察周围环境的意义，学习观察的方法。

分类是指根据事物的相同点和不同点分门别类的过程。其作用在于使不同事物变得更加有条理，易于理解、记忆、处理。分类依据主要是事物的属性或特征。

测量是运用适当的工具进行度量的过程，要用熟悉事物做度量标准表达测量的结果。根据所描述事物的属性不同，所选用的测量工具、度量单位也会有所不同。测量的精确度与度量工具的精确程度直接相关。

预测是对将要发生的现象的断定，它不同于观察和推理。观察是通过感官获得资料的过程，推理是对观察结果的因果关系的分析过程，而预测则是预判将会出现的现象。

推理是对观察结果的因果关系进行分析的过程，它根据已有的数据或信息，对物体或事物做出合理的猜测和推断。它是一项非常重要的科学过程技能，大部分自我行为都是基于个体对事物的推理而产生的。其主要步骤包括：观察事物，联想与事物有关的知识和经验，并将其与新情境中的现象联系起来。

交流是运用适当的工具和技巧将研究结果、个人观点清晰准确地表达出来的过程。表达方式多种多样，如图表、公式、口头语言、文字描述、肢体语言、符号、模型等。

识别和控制变量是对科学研究中变量关系进行识别的过程，找出影响事件的所有变量，这些变量包括自变量、因变量、控制变量。自变量的选择和控制以及对因变量的观察和记录将关系到研究过程的成败。学生应该学习如何控制变量。在控制变量之前，需要识别不同的变量。识别变量的能力与学生对相应活动的熟悉程度和活动的相似性有关。

时空关系以一个物体或时间为参照物，描述另外一个物体所处的时空位置。时空关系技能多应用于地学学科中。

做假设是对整个事件进行一个可被检验的尝试性解释，即预测变量之间的相互关系。它能够引导数据的收集，当选定了需要观察的变量后，便可确定一个可被检验的假设。合理的假设应该能够指出研究的方向，并指导研究方案的设计。假设的构建基于事实、已有知识及经验，而不是凭空想象。

下可操作定义是定义实验中所用到的所有变量，并说明如何测量一个变量。

解释数据是对数据进行形象化和抽象化的转化过程。曲线图是展示量化数据的主要形式，也是交流和表达科学数据的重要方式。它以一种简捷的方式来表示相关概念，因此可以在很小的空间内展示丰富的信息。多个变量之间的复杂关系通常会用曲线图来表示，而不是用文字或表格进行表述。曲线图可以展示出数据的整体变化模式以及细微变化。我们可以从中发现与数据相符的复杂的数学模型。学生应该在相应的课程中以及不同的情境下反复训练如何使用各种类型的曲线图，这是他们进行信息交流的一个重要环节。曲线图是理解大量信息的一种有效方式，报纸、杂志、科技报告和教科书等都会使用各种不同的曲线图来呈现作者的观点。教师不仅要在相应的课程中呈现出各种曲线图，更重要的是要在这些课程中发展学生绘制和解读曲线图的技能。

进行实验是进行一项完整的科学研究的过程。进行实验包含多项基本科学过程技能，如观察、做解释、制订计划、汇报等。这里所说的观察是指进行精确观察和以正确的顺序阅读指导说明的能力。学生在进行实验的过程中还会用到综合科学过程技能，如做假设、设计实验方案、收集数据、推理归纳等。进行实验时要消除无关变量对实验结果的影响，确保所要观察的因变量是由自变量操作而引起的。进行实验的过程依赖于已有的知识，如果学生不能正确完成一项实验任务，是因为这项实验不能反映出学生对相关知识形成的概念。

建立模型是对真实事物或现象进行模拟的过程。这一过程需要选择恰当的材料，根据事物或现象的大小比例模拟真实情境。这是我们通常所说的物理模型。模型还包括符号模型、概念模型等。建立恰当的模型对于理解抽象的概念和微观、宏观的事物或现象将起到非常重要的作用。

四、科学过程技能的分类

在对科学过程技能进行研究时，为了便于研究，许多专家将科学过程技能分为不同的门类。

对于科学过程技能的分类，不同学者有不同的观点，SAPA 科学课程列出了 13 项科学过程技能，并将其分为基本技能和综合技能两大类。基本技能为科学探究提供了智力基础，例如排序和描述自然界物体和事件的能力等，同时，它又是构成综合技能的前提。对基本技能的应用与皮亚杰的经验-归纳推理（empirical-inductive reasoning）能力的运用相一致。而综合技能则是解决问题或进行科学实验所需的终端技能，它的运用则与假设-推演推理（hypothetico-deductive reasoning）能力的运用一致。在 SAPA 科学课程的分类中，基本技能包括观察、分类、测量、推理、交流、使用数字、预测、运用时空关系，综合技能则包括对照实验、下操作定义、形成假设、解释数据、进行实验。

Brotherton 和 Preece 也将科学过程技能分成了基本科学过程技能和综合科学过程技能两大类。前者包括观察、分类、推理、交流、记录、使用数据、预测、运用时空关系、控制变量、收集数据、测量和科学思维等技能。而后者则包括制作图表、做假设、解释数据、建立模型、进行实验和下可操作性定义等技能。

还有学者将科学过程技能分为基本技能、综合技能和高级技能三大类。

基本技能是指那些在小学和初中所要发展的技能，包括观察、交流、分类、测量、推理、预测，以及依据预测和所收集的数据进行决策的技能。综合技能则指那些在初中和高中发展的能力，包括确定变量、构建数据表格、作图、描述变量间的关系、获得和处理数据、分析研究过程、形成假设、定义可操作性的变量、设计研究方案、进行实验研究，以及根据形成的模型和控制变量进行决策的技能。高级技能是探究教学所要培养的最终目标，所要发展的技能包括解决现实生活中真实的复杂问题、形成经验定律、综合理论解释、分析和评估科学观点、构建具有逻辑性的证据、通过归纳得出原理、通过演绎推理形成预测等技能。

此外，Karen L. Ostlund 在其有关科学过程技能的著作中列出了 15 项科学过程技能，并将每个技能又分成 6 个不同的等级水平，如表 1-1 所示。同时，还设计了一系列的活动来评价小学生的科学过程技能。

表 1-1　Karen L. Ostlund 过程技能层级表 [1]

技能	水平					
	1	2	3	4	5	6
观察：运用一种或多种感官搜集信息，可以借助仪器	*	*	*	*	*	*
交流：用文字、口头语言发布或交流信息	*	*	*	*	*	*
估计：根据判断做出量和质的估算	*	*	*	*	*	*
测量：将物体与一些标准或非标准单位比较	*	*	*	*	*	*
搜集数据：系统地搜集有关观察和测量的信息	*	*	*	*	*	*
分类：在观察的基础上，根据一定方案对物体或事件进行分组或排序	*	*	*	*	*	*

[1] OSTLUND K L. 科学探究过程技能评价手册 [M]. 王春华， 主译 . 北京：高等教育出版社，2004：过程技能 i.

续表

技能	水平					
	1	2	3	4	5	6
推断：基于观察提出观点，要求利用以往的经验做出评价和判断	*	*	*	*	*	*
预测：以推断为基础，对结果形成预期	*	*	*	*	*	*
制作模型：用具体的或抽象的形式来解释某个想法、物体或事件	*	*	*	*	*	*
解释数据：阅读各种图表（包括地图），解释其信息，或利用图表回答问题			*	*	*	*
制作图表：把各个数据转换成图表，说明各数据之间的关系			*	*	*	*
假设：以一个可以加以检验的问题的形式陈述待解决的问题			*	*	*	*
控制变量：操作一个可能影响事件结果的因素，同时保持其他因素不变			*	*	*	*
下可操作性定义：根据操作某一物体或现象的经验，陈述其具体信息			*	*	*	*
探究：利用观察来搜集或分析数据并得出结论，从而解决问题			*	*	*	*

对于科学过程技能的分类，不同的学者有不同的观点，目前科学教育界比较认可的是 SAPA 科学课程提出的二元分类法，而且有些研究已经证实了这一分类方法的合理性。

虽然基本科学过程技能是学习综合科学过程技能的基础，但是这两者之间没有明显的界线。一个具有科学素养的人在解决问题、做决策，以及进一步理解社会和环境时，他们会运用到科学过程技能。其中，复杂的（综合）科学过程技能包括基本的科学过程技能。一个人要通过终身的学习来获得和锻炼智力技能，这样既有助于他的学习过程，又培养他处理信息和解决问题的能力，诸如处理信息、运用科学原理分析和解决问题等过程技能，这是任何课程都不可能给予的。

第三节 国际科学课程对科学过程技能的要求

倡导探究性学习是生物学课程标准中的一个重要的课程理念。探究性学习要求学生主动参与、乐于探究、勤于动手。学生通过亲身体验科学研究的基本过程，锻炼他们的科学探究能力。而科学过程技能与探究能力之间存在很大程度的一致性。科学过程技能是生物学课程标准能力目标的一个重要组成部分，同时，也是学生能力构成中一个不可或缺的要素。

一、中国科学课程中的科学过程技能要求

1. 义务教育阶段

我国义务教育阶段的科学课程主要包括两种形式：一种是分科课程，如物理、化学、生物、地理；另一种是综合课程，即科学。在小学阶段，主要以综合课程的形式设课。在初中阶段，则以综合课程和分科课程两种形式设课。

不管以哪种形式开设科学课程，在不同的科学课程标准中都将科学探究列为重要的课程内容，认为科学探究的方式和过程是多种多样的，没有一成不变的模式，但应具有一些共同的基本要素，如提出科学问题、做出假设、制订计划、实施计划、得出结论、表达与交流等。

与此同时，在课程目标部分提出了与科学过程技能相关的要求。例如《义务教育初中科学课程标准（2011 年版）》要求学生“具有观察、实验、收集和处理信息的初步技能、以及用科学语言表达和交流的初步技能。具有应用科学知识描述和解释周围世界的初步能力，以及运用科学知识和技能解决实际问题的初步能力”。[1]

2. 高中阶段

我国高中阶段的科学课程主要是以分科的形式设课。各相关课程均强调学生参与探究实践活动，进行主动的学习。2003 年颁布的《普通高中

[1] 中华人民共和国教育部 . 义务教育初中科学课程标准（2011 年版）[M]. 北京：北京师范大学出版社，2012：11.

生物课程标准（实验）》的课程基本理念之一是倡导探究性学习，引导学生主动参与探究过程，勤于动手和动脑，逐步培养学生搜集和处理科学信息的能力、获取新知识的能力、批判性思维的能力、分析和解决问题的能力，以及交流与合作的能力等，重在培养创新精神和实践能力。

在课程目标部分，要求学生能够：

（1）客观地观察和描述生物现象；

（2）通过观察或从现实生活中提出与生物学相关的、可以探究的问题；

（3）分析问题，阐明与研究该问题相关的知识；

（4）确认变量；

（5）做出假设和预期；

（6）设计可行的实验方案；

（7）实施实验方案，收集证据；

（8）利用数学方法处理、解释数据；

（9）根据证据作出合理判断；

（10）用准确的术语、图表介绍研究方法和结果，阐明观点；

（11）听取他人的意见，利用证据和逻辑对自己的结论进行辩护以及做必要的反思和修改。[1]

从这些能力目标可以看出，高中能力目标继续沿用了初中的能力分类体系，并有了进一步的深入要求。它包含的科学过程技能有：观察、测量、推理、识别和控制变量、提出问题、做出假设、设计实验方案、实施实验方案、表达交流等。随着课程改革的不断深入，我国在 2018 年颁布了《普通高中生物学课程标准（2017 年版 2020 年修订）》，其课程理念之一是“教学过程重实践”[2]，旨在“高度关注学生学习过程中的实践经历，强调学生学习的过程是主动参与的过程，让学生积极参与动手和动脑的活动，通

[1] 中华人民共和国教育部. 普通高中生物课程标准（实验）[M]. 北京：人民教育出版社，2003：8-9.

[2] 中华人民共和国教育部. 普通高中生物学课程标准（2017 年版 2020 年修订）[M]. 北京：人民教育出版社，2020：2.

过探究性学习活动或完成工程学任务，加深对生物学概念的理解，提升应用知识的能力，培养创新精神，进而能用科学的观点、知识、思路和方法，探讨或解决现实生活中的某些问题”。要求学生主动地参与学习，在亲历提出问题、获取信息、寻找证据、检验假设、发现规律等过程中习得生物学知识，养成科学思维的习惯，形成积极的科学态度，发展终身学习及创新实践能力。

课程标准中并没有单独对科学过程技能进行阐述，而是将相关要求融在课程总目标和教学提示的相应表述中。

例如，课程目标中关于科学过程技能的要求是：能够运用已有生物学知识、证据和逻辑对生物学议题进行思考或展开论证；掌握科学探究的思路和方法，形成合作精神；具有开展生物学实践活动的意愿。

在人教版普通高中生物学必修 1《分子与细胞》的教学中，教师要组织好各种观察、实验等探究性学习，帮助学生增加感性认识，克服对微观结构认识的困难，使学生领悟科学研究的方法并习得相关的操作技能。经过必修 1 的学习，学生应该能够建构并使用细胞模型，阐明细胞各部分结构通过分工与合作形成相互协调的有机整体，实现细胞水平的各项生命活动的过程；能够观察多种多样的细胞，说明这些细胞具有多种形态和功能，但同时又都具有相似的基本结构。

在普通高中生物学必修 2《遗传与进化》的教学中，教师应创造条件让学生参与调查、观察、实验和制作等活动，引导学生从生活经验中发现和提出问题，学习有关概念、原理、规律和模型，应用有关知识分析和解决实践中的问题。经过必修 2 的学习后，学生应该能够基于证据论证可遗传变异来自基因重组、基因突变和染色体变异，运用统计和概率的相关知识解释并预测种群内某一遗传性状的分布及变化。

在完成普通高中生物学选择性必修 1《稳态与调节》的学习后，学生应该能够评估多种生活方案，认同并采纳健康文明的生活方式；基于植物激素在生产生活中应用的相关资料，结合植物激素和其他因素对植物生命活动的调节，分析并尝试提出生产实践方案。

在完成普通高中生物学选择性必修 2《生物与环境》的学习后，学生应该能够运用数学模型描述种群数量变化的规律，分析和解释这一变化规律的因素并应用于相关实践活动中；从生态系统具备有限自我调节能力的视角，预测和论证某一因素对生态系统的干扰可能引发的多种潜在变化。

在完成普通高中生物学选择性必修 3《生物技术与工程》的学习后，学生应该能够针对人类生产或生活的某一需求，在发酵工程、细胞工程和基因工程中选取恰当的技术和方法；尝试提出初步的工程学构想，进行简单的设计和制作；面对日常生活或社会热点话题中生物技术和工程有关的话题，基于证据运用生物学基本概念和原理，就生物技术与工程的安全与伦理问题表明自己的观点并展开讨论。

3. 小结

我国基础教育阶段的科学课程，对学生的科学过程技能都提出了一定的要求。其中，有一定比例的技能属于科学探究技能，这与新课程理念中倡导科学探究是高度一致的。虽然在课程标准中未明确地使用“科学过程技能”这一术语，但是从实质上看，这些能力目标都属于科学过程技能的范畴。

同时，在我国科学相关学科的课程标准中，有一项新增的科学过程技能——提出问题。这在一定程度上是对原有科学过程技能的完善和发展。从课程标准的角度看，科学过程技能在能力目标中占据着极其重要的核心地位，对技能的要求也不仅仅停留在基本技能的层面上，而是加大了过程性技能和综合性技能的比例，在教学中应该重视科学过程技能的教学和训练。另外，新课程标准将科学过程与概念相结合，强调在科学实践中发展学生的科学过程技能。

二、加拿大科学课程中的科学过程技能要求

在加拿大的科学课程标准中，专门阐释和描述了科学过程技能。它将科学过程技能分为四个方面：起始与计划（initiating and planning）、实施与记录（performing and recording）、分析与解释（analyzing and interpreting）、交流与合作（communication and teamwork），并对学生在

四个不同的学段所应达到的技能水平提出了明确的要求（见表 1-2）。[1]

表 1-2 加拿大科学课程中关于科学过程技能的要求

年级	科学过程技能要求
3 年级结束时	（1）对周围环境中的事物和事件提出问题，并对如何回答这些问题有自己的想法
	（2）观察和探索周围环境中的材料和事件，并记录结果
	（3）确定所要研究事物和事件的模式和顺序
	（4）与他人合作，并分享和传达他们的探索想法
6 年级结束时	（1）对当地的事物和事件提出问题，并制订相应的研究计划
	（2）观察、记录周围的环境，并记录结果
	（3）用适当方法解释研究发现
	（4）与他人合作，进行与科学有关的活动，并与他人交流自己的观点、研究过程和结果
9 年级结束时	（1）针对观察到的变量间的关系提出问题，并制订研究计划以解决那些问题
	（2）研究各种观察之间的关系，并收集和记录定量和定性的资料
	（3）分析定性和定量资料，提出并评估可能的解释
	（4）与他人合作解决问题，用适当的语言和格式传达个人观点、研究程序和结果

[1] Department of Education. Canada national science education standards [EB/OL].[2020-07-02]. https：//www.gov.nu.ca/.

续表

年级	科学过程技能要求
12 年级结束时	（1）针对观察到的关系提出问题，并对这些问题、观点和事件制订研究计划
	（2）对各种观察到的变量之间的关系实施研究，并用各种工具和技术收集和记录资料和信息
	（3）分析数据，并用数学模型和概念模型提出和评估可能的解释
	（4）以小组成员的角色解决问题，并用科学技能和惯例传达信息和想法以及评估结果

以上是其总体过程技能目标要求，它还规定了从幼儿园到 12 年级每个年级在四个技能维度上应达到的具体水平层次。

从以上标准可以看出，这些标准中所包含的科学过程技能有观察、提出问题、做出假设、制订研究计划、确定研究变量、实施研究计划、解释数据、建立模型、交流合作等。

三、新加坡科学课程中的科学过程技能要求

新加坡的科学教育标准分为小学和初中两个部分，在这两个部分中都专门对科学过程技能做出了明确的要求。下面分别对小学和中学应达到的技能水平进行介绍。

1. 小学阶段

小学科学课程标准指出，科学过程技能包括思维技能（thinking skills）和实践技能（practical skills）。小学科学课程的宗旨是发展学生的基本科学过程技能，并使其在更为复杂的综合过程中运用这些基本过程技能。[1] 在该阶段学生应掌握的技能和过程包括：基本过程技能（观察、比较、

[1] Singapore Ministry of Education. Curriculum Planning and Development Division. Science syllabus (primary) [EB/OL].[2021-08-06]. https：//libris.nie.edu.sg/sites/default/files/sc2001.pdf.

分类、测量和使用仪器、交流、分析、创造、评估）和综合过程技能（创造性地解决问题、做出决策、进行研究）。

在具体的能力标准上，它还对每个年级水平所应达到的过程技能做了相应的要求（见表 1-3）。

表 1-3　新加坡小学科学课程标准中的过程技能

过程技能		P3	P4	P5	P6
基本过程技能	观察	√	√	√	√
	比较	√	√	√	√
	分类	√	√	√	√
	测量和使用仪器	√	√	√	√
	交流（口头、图示）	√	√	√	√
	交流（表格）		√	√	√
	交流（图形）			√	√
	分析（确定系统的各个组成部分；确定这些部分之间的关系；将各个组成部分与其功能联系起来）	√	√	√	√
	分析（确定数据模式和趋势；确定影响研究的变量）		√	√	√
	分析（分析变量间的关系；确定影响研究公平性的因素；指定需要控制的变量）			√	√
	创造（提出多种各不相同的原始想法，要有对细节的描述；从观察结果中得出推论或结论；做出预测）	√	√	√	√

续表

过程技能		P3	P4	P5	P6
基本过程技能	创造（根据证据提出合理的解释）		√	√	√
	创造（构建假设；设计一个方法，检验假设）			√	√
	评估（对某一想法或物体的质量和可能性做出评定）		√	√	√
	评估（评估观察结果是否支持推论和假设；评估研究方法的有效性）			√	√
	评估（提出一种观点，解释观察到的现象，并对其进行检验；评估通过研究所获得数据的精确性）				√
综合过程技能	创造性地解决问题		√	√	√
	做出决策		√	√	√
	进行研究			√	√

2. 初中阶段

新加坡初中科学教学大纲由新加坡教育部颁布。在“概况”一节内容中谈到，科学课程的目标之一就是培养学生掌握以下技能：与科学学习和实践相关的技能、对日常生活有价值的技能、有效交流的技能、安全意识和安全实践的技能。

具体地来讲，这些技能包括：使用仪器和设备、表述问题、观察、分类、比较、交流、推理、表述假设、预测、分析、详细阐述、构建标准、检验、核实、解释各种可能性、抽象提炼、界定问题、策划研究、做出决策、创造性地解决问题。

该科学教学大纲指出，学生应在适当的科学课程活动中，获得并运用以下科学技能[1]：

（1）界定一个问题，或用清晰的术语提出一个可被实验检验的问题。

（2）针对这个问题或现象提出一个可能的假设（暂时性的解释）。

（3）确定需要测量和控制的变量。

（4）设计简单的实验，检验假设（即提出的解释）正确与否。

（5）进行认真观察和重复测量。

（6）用口头或书面形式与他人简明有效地交流信息。

（7）从数据进行推理。

（8）根据观察或收集到的数据改进做出的解释。

（9）陈述该解释的局限性。

（10）根据已知的数据，做出可证实的预测。

（11）从研究结果中形成新的观点或问题，以进行第二轮研究。

（12）即使当模式不够确切时，也要描述数据趋势。

（13）分析其他的解释和程序。

四、新西兰科学课程中的科学过程技能要求

新西兰的科学课程标准指出，科学教育的目标之一是培养学生用科学的方法研究周围世界的技能，并运用相应的知识和技能做出决策。为此它将“培养学生的科学技能和态度”设定为六个学习模块中的一个。

在该标准中，将科学过程技能分为四个部分，分别为聚焦问题和策略、收集信息、处理和解释信息、汇报。并将各个部分划分为 4 个不同的等级水平。具体要求如表 1-4 所示[2]：

[1] Singapore Ministry of Education. Curriculum Planning and Development Division. Science syllabus（lower secondary）[EB/OL]. [2021-08-06]. https：//libris.nie.edu.sg/sites/default/files/sc2005.pdf.

[2] BUNTTING C, MACINTYRE B, FALLOON G, et al. Science in the New Zealand curriculum [EB/OL]. (2012-12-01) [2021-08-06]. https：//www.waikato.ac.nz/-data/assets/pdf-file/0010/139375/science_in_the_nz_curriculum.pdf.

表 1-4　新西兰科学课程标准中的过程技能水平等级表

科学过程技能	水平 1 和 2	水平 3 和 4	水平 5 和 6	水平 7 和 8
聚焦问题和策略	（1）讨论一个事物或事件，并确定所要研究的问题 （2）运用他人的科学知识和观察，做出预测或提出可能的解决方案 （3）根据对公平测验和实验的概念，提出简单的实验	（1）提出有关个人、小组和资源人士的问题，并鉴别适于进行科学研究的问题 （2）运用自己和他人的科学知识和观察，做出可检验的预测，或鉴别能够进行实验的可能的解决方案 （3）设计“公平测验”、实验和调查，并控制明显的变量	（1）提出一系列有关个人、小组和资源人士的问题，并界定这些问题，以使其适于科学研究 （2）整合自己和他人的科学知识和观察，做出可检验的预测，或鉴别能够进行实验的解决方案 （3）用清晰的说明设计“公平测验”、简单实验调查，并控制可能的变量	（1）提出一系列有关个人、小组和资源人士的问题，并界定这些问题，以使其适于科学研究 （2）整合自己和他人的科学知识和观察，做出可检验的预测，或鉴别能够进行实验的可能的解决方案 （3）运用严格的表述设计系统性的测验、实验和调查，并控制变量
收集信息	（1）进行观察和简单测量 （2）讨论得到的观察和测量结果 （3）从书籍和他人那里获取信息	（1）使用恰当的工具以提高观察质量，或使观察定量化 （2）记录观察和测量结果 （3）在社区或图书馆中查找信息	（1）选择和使用测量工具进行定性和定量观察，并用适当的精确度使测量标准化 （2）系统地记录观察和测量结果 （3）通过目录、索引和计算机查找信息	（1）选择和使用测量工具进行定性和定量观察，并用适当的精确度使测量标准化 （2）系统、经济地记录观察和测量结果 （3）对各种来源的信息进行比较和选择

续表

科学过程技能	水平 1 和 2	水平 3 和 4	水平 5 和 6	水平 7 和 8
收集信息	（4）在教师帮助下使用信息来源	（4）有目的地使用信息来源，并向有关人士和媒体资源提出连贯、直接的问题	（4）运用信息处理技术处理与研究目的有关的信息	（4）运用信息处理技术处理与研究目的有关的信息，评估信息的相关性，并识别其偏差
处理和解释信息	（1）提出所记录的观察和测量结果间的联系，识别这些结果的趋势和关系 （2）在教师的帮助下，根据他人的研究发现给出问题的答案，并对自己的研究做一简单的评估	（1）在组织好的数据间创建联系，以知晓测量结果中的关系 （2）运用组织好的数据和科学观点，给出问题的答案，并给自己的研究做评估	（1）通过用适当的统计和绘图程序，分析记录的数据，以认识其趋势、内部关系和模式 （2）将自己的发现或可能的解决方案与已建立的科学理论进行对比，以得出结论或为结论辩护	（1）通过用适当的统计和绘图程序，分析记录的数据，以洞察其趋势、内部关系和模式 （2）反思研究发现的信度和效度 （3）运用分析后的数据和科学理论，批判性地评估所做出的假设或可能的解决方案，并得出高质量的结论，或为其辩护
汇报	在班级内或小组内分享自己的研究过程和发现	以适用于其他小组的形式和方式，展示自己的研究过程和发现	以适用于指定观众的形式和方式，展示由相关数据支持、精密推理的完整报告	以适用于指定观众的形式和方式，展示简明、推理精密的完整报告。这个报告应由各种来源的相关适当处理的数据作为支持

从表 1-5 可以看出，将这些技能从另一个维度划分可包括：观察、测量、预测、推理、提出问题、做出假设、设计研究计划、实施研究计划、收集数据、数据分析、交流等。

五、美国科学课程中的科学过程技能要求

美国自从启动了“2061 计划”（project 2061）以后，在科学教育领域做了大量变革，其中一项就是颁布了《美国国家科学教育标准》。该标准从教育体系的高度对美国的科学教育做出了要求。在这些要求中，既有知识方面的要求，也有能力方面的要求。虽然它未单独将能力标准作为一个章节来讨论，但是从具体知识目标的要求看，该标准对学生的能力提出很高的要求。美国各州都以此标准为依据，相继颁布了适用于各州的科学教育标准。同样各个教材研发机构以此为依据，研发出了大量的教学资源。由美国培生教育公司出版的“科学探索者”丛书就是其中之一，它详尽地介绍了科学过程技能的训练和培养。该丛书将这些技能分为 6 个维度，如表 1-5 所示。

表 1-5 美国“科学探索者”丛书中的科学过程技能

维度	具体技能
像科学家一样思考	观察、预测、推理、分类、建立模型、交流
动手测量	使用国际标准计量单位、SI 单位的换算
科学研究	提出问题、构想假说、实验设计、分析数据、得出结论
理性思维	比较与对比、应用概念、理解图表、因果推断、归纳、做出判断、解决问题
信息处理	概念图、比较 / 对比表、流程图、循环图
绘制图表	记录表、柱形图、折线图、扇形图

该丛书将各个技能有机地融入教材中的各个教学活动之中，从而加强对学生各种技能的训练。正是由于这一点，它被许多国家引进，作为当地的一个重要课程资源。我国也引进了这套丛书，它成为许多中学开展研究性学习的重要参考资源。

随着科学教育界对学生实践参与的不断重视，逐渐将科学探究提升到了科学实践的层面。在《K–12 科学教育框架：实践、跨学科概念和核心概念》中，与科学过程技能有关的内容是科学和工程学实践这一维度，共提出了 8 项实践内容：提出问题和明确需解决的难题；建立和使用模型；设计和实施调查研究；分析和解释数据；利用数学和计算思维；构建解释和设计解决方式；基于证据的论证；获取、评估和交流信息。

在课程标准中，这些实践要求与概念构建有机融合，进一步明确科学实践与科学知识不可分割。

六、小结

以上各个国家的课程标准以及相关课程中科学过程技能的相关标准，既具有相同的技能要求，又有各自的特色。总体来看，科学过程技能主要包括以下 11 项：观察、分类、测量、预测、推理、做出假设、识别和控制变量、实验、解释数据、提出问题、建立模型。

第二章

科学过程技能的学习理论

厘清科学过程技能的学习理论，是培养学生的科学过程技能的基础。在广义的知识观中，科学过程技能属于过程性知识、缄默知识和程序性知识。从加涅对学习结果类型和层次划分的基础观点来看，科学过程技能包含智慧技能、认知策略和动作技能，这些技能的习得各自存在着差别，认知过程有所不同，但都需要遵循学习规律，匹配智力水平。因此心理学研究者对科学过程技能习得的认知过程进行分析，尝试提出科学过程技能习得的影响因素和认知模型，致力于更好地培养科学过程技能。

第一节　加涅对技能习得的层次划分

技能本质上是程序性知识的一种，在加涅的学习结果分类中，广义的技能分为三类：智慧技能（intellectual skills）、认知策略（cognitive strategy）、动作技能（motor skills）。[1]其中智慧技能是学习结果中较基本和较广泛的一类，是常见的概念教学，其本质也是智慧技能学习的一种。智慧技能最典型的形式是规则，当学习者学习了某条规则并表现出受规则支配的外部行为，运用知识在新情境中通过语言、数字等符号来对环境做出反应与描述，而不是以简单的"刺激—反应"的关系来描述时，学习者就被认为已习得了该规则。认知策略是学习者对内支配自己心智加工过程的技能，是一种特殊的智慧技能。动作技能是运用规则支配肌肉行为的技能。

科学过程技能，是学生在练习的基础上形成的、按科学研究的一般规则以及操作程序顺利完成某项科学研究任务的能力。它包括学生自我支配心智加工过程，也包括运用所学知识解决实验探究问题，若为真实情境，还包括控制肌肉进行实验的动作技能。

一、智慧技能的层级

智慧技能的层级从低到高分为辨别、概念（具体概念和定义性概念）、规则、高级规则（问题解决），其学习的内部条件由以下因素构成：①已习得构成新技能成分的先决技能；②

[1] GAGNE R M. The conditions of learning [M]. 4th ed. California: Wadsworth Publishing Company, 1985: 22-30.

回忆已习得的技能并将它们以新的方式组合起来。这些内部条件可以促使下位技能的回忆，告知学习者行为目标，以陈述、提问或暗示的方法引导新的学习，还可以提供一个与新习得技能相关的实例，供学习者练习。因此，在学生学习智慧技能的过程中，任何一种技能的学习都依赖早先一种或几种较简单技能的学习（见图 2-1）。

高级规则（它要求以规则为先决条件）

↑

规则（它要求以概念为先决条件）

↑

概念（它要求以辨别为先决条件）

↑

辨别（它要求以联想和连锁为先决条件）

↑

学习的基本形式：联想和连锁

图 2-1　智慧技能学习的层级

科学过程技能的习得需要遵从认知发展的规律，由下位学习向上位学习逐步进行。要学习高级规则，则必须以辨别、概念、规则的学习为基础；要习得综合科学过程技能，就必须先学习基本科学过程技能，再学习综合技能。

1. 辨别

辨别，是指学生能区分在一个或多个物理维度上对不同的刺激的反应。例如，学生需要在观察中辨别出大和小，指出反应前后的不同。通常，可以运用相同或不同之处作为辨别的表征指标。辨别学习中需要忽视无关的、随机变化的刺激，及时调整感觉器官对不同对象进行注意。例如学生在利用光学显微镜观察植物细胞结构时，需要区别细胞中有无细胞核、叶绿体、液泡等结构。再如，学生在进行“检测生物组织中的糖类、脂肪和蛋白质”实验时，可以通过观察颜色反应，区别不同的颜色现象，从而得出结论。

在辨别学习中，教师需要在学生正确辨别时予以强化，错误辨别时及时引导纠正。若学生无法辨别，则需要引导他们关注未注意到的特征，反复练习，提高对细微特征的辨别能力。

2. 具体概念

具体概念，即学生需要能够识别出用于定义中的词所指的事物。它与分类技能紧密关联，例如“红色”“圆形”“直线”等具体概念的学习，需要学生能识别出物体属性的类别。如能够在光学显微镜下识别出植物细胞和动物细胞在结构上的差别，知道植物细胞和动物细胞在光学显微镜下的形态和结构上的差异，能够区别某生物结构的模式图和显微图像之间的差别，能够将所得到的数据进行分类并记录。人教版高中生物学必修 1《分子与细胞》中的“用高倍显微镜观察叶绿体和细胞质的流动”实验中，由于细胞质无色透明无法直接观察，教师需引导学生分析细胞质的性质，以及细胞质环流引起的细胞器运动，由此找出标志物。在“探究植物细胞的吸水和失水”实验中，学生需先知道“质”和“壁”分别是什么，在什么样的情况下可以发生质壁分离现象。“质”为原生质，包括细胞膜包裹的整个原生质，“壁”即细胞壁，分离的条件是具有半透膜（原生质层相当于半透膜，即细胞膜、液泡膜以及二者之间的细胞质），并且细胞液的浓度小于外界溶液的浓度，而细胞液的浓度不易直接控制，因此，实验中还应控制外界溶液的浓度，增大外界溶液的浓度，使细胞发生质壁分离。

3. 定义性概念

定义性概念，指学生能演示一些特定类别的客体、事件或关系的意义。许多概念并不像具体概念意义那样可以通过识别它们的外在属性而被认识，比如一些抽象概念。定义性概念通常需要通过演示来习得，而很难通过阅读文字来习得。在此过程中，教师需确定学生能够识别定义构成成分，并提供实例，且指出它们之间的相互关系。所以学生必须提取并理解包含在定义中所有组成的概念，厘清它们之间的关系。

例如，遗传学中“翻译”，是指根据遗传密码的中心法则，将成熟的信使 RNA 分子（由 DNA 通过转录而生成）中“碱基的排列顺序”（核苷酸序列）解码，并生成对应的特定氨基酸序列的过程。其中，中心法则、信使 RNA 分子等均属特定生物学概念，而非常识概念。所以想要真正学习“翻译”这个生物学概念，必须对其中涉及的子概念进行解析，并确定子概念之间的关系。

4. 规则

规则，指学生掌握抽象或具体概念后，需要进一步掌握它们之间的各种联系，这些联系就是规则。当学生显示出他能在不同类别的客体和事件中以某一类关系做出反应，他就习得了规则。规则的习得和是否使用言语陈述并无直接联系。定义性概念可以看成是分类的规则，而规则除了分类之外，还涉及相等、相似、大于、小于、之前、之后等关系。与定义性概念相同，学生在学习规则时，需要先提取次级规则中涉及的相关概念，在已经习得该规则后再将其运用于一个或更多的具体案例中。

例如，在学习科学探究中的变量这一概念时，若单纯给出变量这一术语，学生很可能只是按照字面进行理解，变量就是可以变化的量，自变量就是“自己可以发生变化的量”，而难以从字面上理解因变量这一概念。由此可以看出，学生在学习变量这一概念时，教师仅给出“变量是实验过程中可以变化的因素”这种解释是不够的，还需要通过案例分析什么是自变量、因变量和无关变量，接着让学生自己指出实验与变量之间的关系：当实验需要找出某两个因素之间的相关性关系时，通常需要设定其中一个因素为自变量，人为改变它的属性，然后观察因变量的变化，以找出它们之间的关系。当学生学习了变量的概念，并能将其迁移到新情境中时，就可以说学生已习得变量概念。科学过程技能中的每一项技能都要求学生能够根据具体的问题，对之前所学习的技能加以迁移和应用。

5. 高级规则

高级规则（解决问题）是指学生独立解决一个代表真实事件的问题时，在熟练掌握以上规则的基础上，做到随时提取已有的知识。尽管学生不可能获得各种情境中所需要的所有规则，但他们可以将已学概念和规则进行综合加工，应用于新的问题情境。高级规则是考查学生对知识和技能的应用的有效途径，在高级规则的习得中，学生需要能够发明和使用一项复杂规则来解决新问题，展示其迁移学习的能力。在这一过程中，学生通常会面临一个陌生的真实问题情境，然后提取相关的下位规则和信息，而他们从外界获得的线索通常是不够充分的。

曾有高考题考查学生完整实验设计的能力：题目中提供几个条件，要求学生以此来验证新型冠状病毒为 RNA 病毒。这是对于学生高级规则掌握与否的考查。首先，学生需要有必备概念知识，需熟知病毒的生活方式、核酸的类型、核酸的检测方法。其次，需要控制变量，分析题目中的自变量、因变量是什么，遵循对照原则和重复性原则。在书写实验思路前，需辨别 RNA 病毒和 DNA 病毒核酸，知晓 RNA 水解酶的专一性使其只水解 RNA 而不水解 DNA；需掌握病毒可以侵染活细胞，而若病毒的核酸被水解，则不可以侵染活细胞；厘清本情境中的多个概念关系，并分析出自变量为是否用 RNA 水解酶进行处理，因变量为是否可以侵染活细胞；最终在实验思路中呈现出“均分”的分组规则，“相同且适宜培养条件”的无关变量控制，“观察各组细胞感染情况”的因变量检测。

综合科学过程技能正是多个简单的科学过程技能的集合体。在构建解释的过程中，学生需要知道自变量、因变量的变化，将收集到的数据进行有意义的编排和表述，即数据表达和处理等。构建解释需要汇总之前所有的科学探究工作，进而对照假设提出一个有意义的结论，这是学生独立解决问题的过程。高级规则是将概念和规则整合为复杂的规则，比如，学生已经知道如何识别变量，并不代表能够在科学探究中很好地应用所学习的变量的知识，他们还需要在不同的情境中识别出变量，并且根据不同的变量类型来控制变量，将已学的关于变量的知识应用到实验设计和操作中，对实验下可操作性定义。因此，学生做出一个假设之后，并不代表这个环节已经完成了，他们需要做出可检验的假设，即对这个假设的可操作性进行分析、评估之后，才可以说学生做出了可检验的假设。另外，学生下可操作性定义时，需对因变量的变化分析之后，才可以根据因变量来进行测量的操作。

二、认知策略

认知策略是一种特殊的智慧技能，也称策略性知识，是使得个体在注意、学习、记忆和思维等方面的行为具有内在组织性的技能，指向个体的内心世界。认知策略可理解为如何思考问题的方式。例如，若学生能够采用归纳、演绎的方法尝试解决一个问题，就可以说学生采用了策略性知识来解决未知问题。

认知策略的学习过程可以是自发式的，也可以通过有意识的训练，即让学生接受并支配自己的认知加工活动来习得。其学习过程可采用接受学习的形式习得，但必须经过长期的系统训练，认知策略才能被学生掌握并用于支配自己的行为。

要结合学科教学促进学生思维能力的提高，就必须在向学生传授学科知识的同时，还要传授关于如何学习、如何思考的策略性知识。我们把思维策略看成是能促进知识有效学习和思维能力提高的通用性思考方法，它既可以是内隐的规则系统，也可以是外显的操作程序与步骤。策略性知识的学习和技能的学习，需通过概念化、条件化、结构化和自动化，转化为相应的能力。

在进行策略性知识的教学中，需遵循以下原则：分解性原则，即将一个完整的思维过程分解成多个具体的思维技巧；练习性原则，把一个完整的思维任务所需要的思维技巧分解以后，需将思维技巧逐个教给学生，使学生理解这些技巧；过程性原则，认知策略是关于认知加工过程的策略，是需要让学生有机会体验自己的认知加工过程，有意识地改进自己认知过程所采用的策略；铺垫性原则，循序渐进、适当超前、螺旋上升；迁移性原则，研究表明，采用抽象的术语、学科的实例，有利于策略知识的广泛迁移，因此在结合学科进行策略训练时，策略的术语要尽可能抽象，形成概念，帮助学习者将其迁移应用到新情境之中。

三、动作技能

在科学过程技能中，其中一项重要的技能是学生在进行实验时的操作技能，也称为动作技能。但是学生进行探究活动所需的动作技能没有单纯的动作，大多数需要程序性知识作为智力支持，进而表现在肌肉动作上。决定动作表现差异的几个维度是：精细的与粗放的、连贯的与不连贯的、开放环路的与闭环路的。实验操作属于精细的、不连贯的、开放环路的动作表现。在识别需要学会的动作技能时，人们必须对“起始行为”是什么，即学会了哪些动作技能有一个清楚的判断，即使是一个简单的动作，也不应将其仅看成是单一的动作技能，而是要把它看成涉及若干行为组成部分的动作技能学习的一个整体的行为表现。按步骤操作是程序性知识、智慧技能，需要学习者决定操作顺序的规则，并将某种从属的规则联系起来。

动作技能的学习依赖于学习任务，如操作步骤的性质和长度、整体技能中子技能的类型和数量。只有充分习得子技能，才能增加整体技能的熟练程度。动作技能最显著的特征是通过练习而改进。练习并非随意操作，而是需要让学习者在操作过程中达到提高作业水平的目的，并且教师应给学习者提供必要的反馈，其反馈不仅包括完成一整套动作之后得到的结果反馈，也包括在过程中精细化的放大反馈。但精细化的放大反馈应适时撤出，否则会影响学生独立执行动作。个体获得动作技能时，不仅仅指完成某种规定的动作，还需将这些动作组织起来构成流畅、符合规则的和准确的整体行为。动作技能的先后程序需跟动作技能一起习得，也叫执行程序。它具有规则的特征，学习者需明确先后顺序，将动作活动的组成部分当作局部技能分别加以学习和练习，并通过周期性练习，将动作行为序列在反馈或结果的知识情境中一再重复和强化。

第二节 科学过程技能的习得

心理学研究者对科学过程技能习得进行认知过程分析，提出相应的认知模型。尽管科学过程技能具有一定缄默性，但仍需要在教师的指导下尽可能显化和系统性学习。

一、科学探究认知模型

心理学研究者对学生如何进行科学过程技能的习得和运用进行认知分析，如已有知识如何影响科学假设的提出、认知策略如何影响科学探究实践的完成、构建解释时是直觉优先还是规则优先等，这些理论模型的提出为进一步理解学生在实践时遇到的困难提供解释。

1. 双重搜索模型

Klahr 和 Dunbar 于 1988 年提出了双重搜索模型（scientific discovery as dual search）。此模型认为科学探究认知过程共有三个成分：搜索假设空间、检验假设和评价证据。[1] 在搜索假设空间时，学习者已有知识会影响假设形成，而一些观察的结果又会诱导形成新的假设，所以，学习者的搜索空间包括假设空间和实验空间，若已有知识不足，学习者会偏向于没有完全确定的假设而进行实验过程。[2] 因此，与探究问题相关的学科知识，如科学概念、原理、生活经验等，都会成为学习者假设空间的一部分，而这些知识有些是科学概念，有些是前概念。前概念会干扰学生的科学假设过程，尤其会使假设空间减小或者产生偏差，而在进行评价证据时，容易忽视重要证据，得出错误结论。如何进行控制、如何运用实验数据来得出结论的技术、方法，也会影响假设的检验。

2. 探究活动水平关系模型

Kuhn 提出了探究活动中元水平和执行水平的关系模型。[3] 他认为科学探究过程中认识策略可以促进探究步骤的执行，关于探究的程序性知识和陈述性知识又可以促进认知策略的发展。元认知是指对认知能力进行调节和监控的、更高一级的能力，涉及对个人知识和策略的监测、控制和理解。元认知包括元认知知识、体验和监控。其中，自我监控是学生在探究性学习过程中，以冲突、建构和统整活动及其结果为对象，不断评价通过探究活动所获得的信息，找出认知偏差，适时调节，选用恰当策略保证探究任务有效完成。在科学探究中协同发展学生元认知能力，一般包含 4 个主要环节：自我评价、任务评价；目标设置、策略计划；策略执行、监控调节；反思策略结果、过程评价。通过循序渐进的过程，学习者能够建立

[1] 杜秀芳，张承芬 . 科学探究的认知机制研究述评 [J]. 心理科学，2007，30（2）：391-393，336.

[2] KLAHR D, DUNBAR K. Dual space search during scientific reasoning [J]. Cognitive science, 1988, 12 (1): 1-48.

[3] KUHN D. Why development does (and does not) occur: evidence from the domain of inductive reasoning [M]// MCCLELLAND J L, SIEGLER R S. Mechanisms of cognitive development: behavioral and neural perspectives. New York: Psychology press, 2001.

起对自己的认知进行监控和调节的意识。

3. 双过程模型

决策和推理的双加工理论，是指在决策和推理过程中，具有基于直觉的启发式系统和基于理性的分析系统。启发式系统更多依赖直觉，加工速度快，容易受背景因素、刻板印象的影响。而分析系统则需要依赖理性，加工速度慢，不容易受背景因素和刻板印象的干扰，主要基于规则进行。[1]前者受无意识控制，后者是有意识的。在科学学习过程中，多显化培养学生基于理性的分析系统，这与前面元认知策略相符合，学生需要弄清如何进行科学分析，厘清这一过程中认知策略的变化。而启发式系统多受无意识的影响，难以显化。两个系统多为协同进行，在不同的情境当中启用不同程度的双过程。

二、生物学中科学过程技能的习得心理

科学过程技能具有程序性和缄默性的特点，程序性知识习得与陈述性知识密不可分，缄默知识的内隐性特点则需要学生在实践中不断训练和内化。

1. 作为程序性知识的习得

在认知心理学中，科学过程技能被划分为程序性知识，它的习得一般经过三个阶段：第一阶段，有关操作或运算步骤的知识进入学习者原有知识网络，以命题的形式进行描述和贮存。即通过教学使学生掌握技能的陈述性形式和相应的技术的知识，使学生知道怎样做。当然学生也可以通过实践中的不断摸索来习得某项技能。若要学生在以后遇到相同情境时也表现出相同的行为，则需要他们将以前完成这项技能的方式以经验的形式保存在记忆中，否则难以应对新情境中的问题。第二阶段，陈述性知识向程序性知识转化的阶段，经过在变化的情境中的练习，以命题形式描述的知识转化为以“产生式”形式表征的程序性知识，弄清程序性知识获得的条

[1] EVANS J T. In two minds: dual-process accounts of reasoning [J]. Trends in cognitive sciences, 2003, 7(10): 454-459.

件，使命题网络方式存储的陈述性、程序性知识转化为以“产生式”为表征的程序性知识，使学生熟知完成某项任务所需的条件，或者规则所适用的范围。第三阶段是精心选择变式练习，使学生在规则适用的条件下表现出相应的行动，将静态知识转化为动态技能。许多小的“产生式”程序性知识联合在一起，构成较大的“产生式”系统，只要这个系统中的第一个成分激活，其他成分能自动激活，技能达到自动化。

科学过程技能本身是一个综合性、跨学科的概念，但在当今分科教学的现状下，需要在各个科学学科中渗透对科学过程技能的教学。

2. 作为缄默知识的习得

龚正元认为，科学过程技能是由明确知识和缄默知识共同构成的，而且以缄默知识的成分为主。[1] 明确知识表现为科学过程技能的显性规则，而缄默知识则占据较大的比例。他认为，学习科学过程技能，在掌握一定规则后还必须进行实践训练，在教师的指导下，将一般意义上的科学过程技能个性化、实践化，转变为自己独特的知识。而缄默知识的内隐学习，需要大量实际操作或活动才能得以体现。科学过程技能的学习需在教师的指导下，引导学生在实践中去体验和领悟。

三、科学过程技能的显化学习

尽管科学过程技能的学习需要缄默学习的体验和领悟，但是外显化的学习也必不可少。在学习者系统化学习科学过程技能并将其迁移到新情境中独立完成科学探究过程中，科学过程技能的概念化和系统化学习至关重要。提出问题、做出假设、设计并完成实验探究、数据分析和解释均是科学探究的重要环节，它们的显化学习和熟练程度可以提升学习者的科学探究能力。

1. 提出问题

提出问题是指提出一个科学问题。所谓科学问题是能够通过收集数据而回答的问题，是针对客观世界中的物体、生物体和事件等提出的。科学

[1] 龚正元 . 化学课程中的科学过程技能研究 [D]. 上海：华东师范大学，2007.

探究的过程应围绕可探究的问题展开。正是科学问题的可探究性，才能使探究过程具有明确的方向并生成具体的数据。[1] 在学生的学习过程中，可以通过多个途径提出可以研究的科学问题，例如从生产实践中发现问题；从生物体结构和功能的适应性特征中发现问题；从新的需要与原有认知之间的冲突中发现问题；从信息资料和已有的研究中发现问题；从教材中发现问题；从相关练习中发现问题。[2]

对于发现问题来说，可以经历如下步骤：第一步，甄别生物学现象，尽可能用专有名词或专业术语表达；第二步，尝试将各个科学因素进行分类，并尝试将不同的因素分开，就单一因素提出“是什么”的问题；第三步，在“是什么”的问题基础上，进一步就不同要素之间的关系提出所要研究的科学问题。[3]

根据对问题发现的内涵及其认知过程的分析，初步确定提出问题需经历六个阶段。①信息搜寻阶段：搜索和筛选与问题情境相关的各种信息和资料，这是问题发现的前提和基础。②表征描述阶段：对搜寻的特定内容，依据自己的理解进行描述，内容涉及问题的现有状态。③寻求目标阶段：发现情境信息中的不理想状况，并为其设置一个相对理想的目标状态。④建立联系阶段：对起始状态与目标状态之间的关联与差异进行分析，进一步确认差距。⑤提出问题阶段：在完成了对问题起始状态、目标状态和差距三个要素的认识和设定后，提出一个明确的问题。⑥评价和修正问题阶段：对提出的问题进行评价、修正和调整，进一步完善问题。[4] 需要说明的是，并非所有问题的提出都需要经历以上六个阶段。

在生物学研究中提出问题的心理过程包括：运用生物学术语对现象进行描述、建立对应联系、提出并修正问题。对于日常教学中提出问题的技能，由于开放性比较大，因此教学难度也较大。教师在日常教学中，可以

[1] 秦晓文 . 科学探究中提出问题的教学策略 [J]. 课程·教材·教法，2016，36（5）：118-121.

[2] 杨华，卢美玉 . 科学探究中问题的发现、形成与表述 [J]. 生物学通报，2011，46（7）：42-44.

[3] 龚正元 . 化学课程中的科学过程技能研究 [D]. 上海：华东师范大学，2007.

[4] 陈丽君，郑雪 . 问题发现过程认知阶段划分的探索性研究 [J]. 心理学探新，2011，31（4）：332-337.

限定条件，有意识地培养学生从宏观到微观、从生活到科学，不断发现问题、提出问题，循序渐进，逐步提升学生提出问题的能力。

例如，在人教版高中生物学必修 1《分子与细胞》的“探究植物细胞的吸水与失水”实验中，教科书中首先展现了两个日常现象：“把白菜剁碎做馅时，常常要放一些盐，稍过一会儿就可见到有水分渗出。对农作物施肥过多，会造成‘烧苗’现象。”这段文字给学生提供了两个日常情境，若想要提出问题，首先需要对情境进行分析。在第一个情境中，根据日常经验可知白菜剁碎时会有少量水分流出，主要是由于机械外力导致细胞破碎，细胞液外流。而加盐后，盐和原有的水分混合后形成较高浓度的盐溶液，从而使得白菜细胞中的水分渗出。该过程是由于加盐后，细胞液的浓度小于外界溶液的浓度，细胞液的水分就会透过原生质层进入到外界的溶液中。在第二个情境中，由于施肥过多，导致外界溶液的浓度大于细胞液的浓度，从而使细胞液的水分子透过原生质层进入到外界溶液中，而“烧苗”则是指植株失水过多而萎蔫的现象。学生需要运用生物学术语解释情境中包含的现象，即使用“加盐后白菜细胞失水”“植物施肥过多导致植物细胞失水过多而萎蔫”等句式进行解释。

接下来，学生需要在“加盐”和“细胞失水”之间，以及“施肥过多”和“细胞失水”之间建立联系。学生可以从这两组联系中提出以下问题：细胞在什么情况下会失水？为什么加盐会使细胞失水？

从教科书中给出的情境出发，学生最有可能提出这样的问题和假设，这显然与我们所期望的教学效果有一定的差距。本节课的重点在于对植物细胞原生质层以及植物细胞结构为什么可以吸水和失水的理解，原生质层包括细胞膜（质膜）、细胞质以及液泡膜三个结构。而之所以将原生质层看成是半透膜，是因为细胞膜（质膜）和液泡膜均为选择透过性膜，允许水和非极性小分子物质通过，而大分子的溶质和极性物质则较难通过。液泡里的细胞液含有多种物质，具有一定的水势，细胞液和原生质层构成了一个渗透系统。在学生得出“加盐”与“细胞失水”有联系以及“施肥过多”与“细胞失水”有联系的结论时，可进一步从植物细胞结构的角度进行追问：“细胞失水的过程失去的是细胞哪个结构中的水？”从而引发学生思考细胞结构与该现象之间的关系。我们可以给学生展示渗透系统的装置，并将其与细胞结构进行类比。学生已知原生质层两层膜之间的细胞胶体物质如蛋白质、淀粉粒等能够吸收自由水，但如果已经形成液泡，其细胞的衬质势较低，往往可忽略不计，因而此时发挥作用的就是细胞膜（质膜）和液泡膜这两层选择透过性膜。接下来，再引导学生提出问题："能否将原生质层看成是一层选择透过性膜？"

有价值的科学问题的提出都是以大量学科知识为基础的。从这个案例可以看出，在进行实验时，需分析学生相应核心概念基础知识的空白点，将前概念与核心概念对比，循序渐进地引导学生。

2. 做出假设

科学假设是集科学事实知识、方法知识、溯因推理能力等因素为一体的一种综合能力，具有可证伪、客观、多样、可预见性等特点。科学假设是面对令人迷惑的自然现象，推理者充分运用已有的知识经验，顺利提出符合质量标准假设的过程。做出假设的过程主要涉及六个方面：①分析问题，探讨其中的因果关系；②在已有的知识结构中寻找与当前问题情境相似的经验现象；③探讨各种相似经验现象的因果解释；④将各种经验现象与当前的问题情境进行比较；⑤借用经验现象的因果解释做出假设；⑥选择合理的科学假设。[1]

做出假设是一种复杂的认知策略，是包含认知策略和智慧技能的综合体。第一步要先编码，将涉及的名称用变量的形式编码，并用因果关系将名称联结。第二步为提取，提取已有知识结构中相似经验及因果解释。第三步为迁移。第四步为语言表达。

3. 设计实验方案

设计具体实验方案一般需要以下几个步骤：选择材料，分组编号；操纵自变量，设置对照组；控制无关变量；确定并描述因变量的观察或测量。[2]生物科学过程技能中的下可操作性定义即为设计可操作的实验步骤，是将

---

[1] 许应华，徐学福．论科学假设能力的结构与培养 [J]. 课程・教材・教法，2012，32（4）：86-91.

[2] 邵江樵．运用变量分析思想构建实验步骤的设计模式 [J]. 中学生物教学，2007（3）：49-51.

抽象化的实验设计原则转化为具体可操作的步骤。其中，对自变量的理解、控制和对因变量的检测是学生设计实验方案中的重难点。

在人教版普通高中生物学必修 1《分子与细胞》的“探究环境因素对光合作用强度的影响”实验中，学生可以基于教科书中的信息分析，认识到温度、光照强度、光的颜色等因素可能会影响植物的光合速率。但是在具体的实验操作中，如何控制温度、如何控制光照强度和光的颜色等需要做进一步的思考和设计。另外，光合作用的产物有糖类和氧气，如何检测产生的气体是氧气也是需要考虑的一个重要问题。控制自变量、观察因变量的具体操作是该实验的创新来源，也是培养学生发散思维、创新思维的重要途径。

（1）识别与控制变量。

变量包含自变量和因变量、无关变量和干扰变量，在中小学阶段的科学教学中，要求能够设计单一变量实验（即其中的自变量只有一个），应避免无关变量的干扰，尽量创设相同且适宜的无关变量，并可通过单组实验法、等组实验法、轮组实验法等方法消除无关变量的影响。

除了需要控制变量以外，还需要在识别变量与控制变量的基础之上设置对照组，以抵消无关变量的影响。因此识别与控制变量的过程需要设置自变量（实验变量）、控制无关变量、消除干扰变量、收集因变量（反应变量）。

例如，在人教版普通高中生物学必修 1《分子与细胞》的“比较过氧化氢在不同条件下的分解”实验中，可以引导学生寻找实验中的变量，将变量的概念细化为自变量、因变量和无关变量。除了文本概念，还应通过智慧技能的层级来学习变量的概念。首先，学生需要辨别实验中哪些因素发生了变化，总结出“什么是变量”，由于学生常常对自变量和因变量比较熟悉，但是有时候会不太注意无关变量，进而需要指出变量不仅包括自变量和因变量，还包括无关变量；然后引导学生分析本实验中的无关变量是什么，为什么需要注意无关变量。

识别和控制变量首先要对情境中有关联的概念进行辨别，即进行编码。找出探究课题中包含的信息，例如，在“比较过氧化氢在不同条件下的分解”实验中，探究课题只是提到“不同条件”，并没有明确给出自变量。然后需要分析实验中各组的设置条件，如常温或加热、添加三氯化铁溶液或新鲜猪肝研磨液等，该实验并非单一变量实验，条件属于不同类别，常温和加热属于温度高低类，添加三氯化铁溶液或新鲜猪肝研磨液属于催化剂类，其中自变量应为温度和催化剂种类。该实验中过氧化氢分解的产物为水和氧气，水会留在反应系中，而氧气会溢出，因此测定氧气产生速率为待检测变量。已知氧气微溶于水，可溢出后收集测量体积进行定量检测；若定性检测，则可以用化学中常用方法——观察带火星的卫生香复燃情况来定性判断反应所产生氧气的多少。

接下来的环节是建立联结。实验过程中，需遵循单一变量原则。两个变量之间具有关联，当探究不同温度对过氧化氢分解速率的影响时，不需要再添加催化剂，而在探究催化剂种类对其影响时，则应设置室温而不需再加热。在对自变量、因变量编码之后，还需分析有哪些因素影响因变量，比如 pH、过氧化氢溶液的浓度等。在实施实验方案之前，需提前做好预实验，设定适宜的 pH 和过氧化氢溶液的浓度，以免对实验结果造成影响。

（2）下可操作性定义。

可操作性定义，是根据可观察、可测量、可操作的特征来界定变量含义的方法。一个好的可操作性定义需要有切实可行的操作步骤，观察结果最好能转化成数据形式，可以直接计量，抑或是通过其他数据记录的手段，比如拍照、摄像、录音等方式，存储观察结果。在下可操作性定义时，学生需要对实验中常用的技术方法和手段有比较清晰的了解，且能够熟练运用。

首先，对情境进行编码。例如在“影响酶活性的条件”实验中，教科书中给出了两套实验材料：淀粉酶和过氧化氢酶。在该实验中，自变量是温度，因变量是酶的活性。

在编码的基础上对不同的变量建立联结。酶的活性本身是抽象的，难以直接测量和观察，没有工具可以直接测量出酶的活性，学生需要思考如何在实验中观察或测量酶活性的变化。若采用淀粉酶作为催化剂，因变量可以看成是淀粉酶在不同温度下催化淀粉分解的能力，即单位时间内催化分解的淀粉量。为了使实验具有可操作性，需使用指示剂使得淀粉的分解这一现象可视化：碘液可与淀粉结合为蓝色的络合物，从而指示淀粉的存在。因此可以将“淀粉酶的催化能力”这一变量转化为具体的观察指标，即在不同温度、等量淀粉和淀粉酶的条件下，观察淀粉完全分解所需的时间。需要注意的是，淀粉与碘液反应形成的络合物在高温下会由于结构变化而褪色，因此，在实际操作中，需要将反应液迅速冷却后再加碘液检测。如果使用过氧化氢酶作为催化剂，由于过氧化氢本身在高温下会分解，反应中过氧化氢的分解除了酶的催化作用外，还受温度这一因素影响，因此，选用过氧化氢酶作为催化剂探究温度对酶活性的影响是不恰当的。

4. 实验记录

实验记录包括观察、测量和记录。观察是一种有目的、有计划的知觉活动，观察技能是指全面、深入、正确地观察和认识事物的能力，表现在生物学科上就是要善于观察生物体和生命现象的细微变化和本质特征。观察需要有目的性、条理性、理解性、敏锐性和持久性。[1]

（1）观察。

生物学科的观察能力是以生物学知识为基础，运用各种感官或辅助工具感知生物学现象，并通过一定的思维加工活动，发现和解决有关生物学问题过程中所形成的个性行为和心理特征。[2]

生物学科中很多重要的科学研究都离不开细致的观察。中学阶段的生物学观察分为直接观察和间接观察。直接观察指直接运用自身感官进行观察。当观察任务不能够在肉眼下直接进行观察时，学生需要通过借助工具、仪器等进行观察，这就是间接观察。在中学阶段的生物学观察活动中，可能涉及的观察工具包括放大镜、显微镜等。观察工具或仪器的选择需要学生先分析和认识观察对象，然后结合一定的生物学知识来确定。在教学中，教师需引导学生逐步开展观察：分析观察任务—确定观察方式—选择观察工具—观察。

（2）测量。

测量是借助于工具进行的定量观察，也是观察活动中的一部分。在进

[1] 胡继飞 . 关于生物学实验技能的测评问题 [J]. 生物学通报，2002，37（9）：34-36.

[2] 李颖慧 . 中学生物观察能力评价指标体系建立的实验研究 [D]. 北京：首都师范大学，2000.

行测量时，需根据测量的类型和精度选择合适的测量工具。在生物学研究中，对长度、重量、体积、温度、时间等都要求进行精确的测量，这些都属于基本测量。另外，颜色等需要借助更为精密的仪器进行测量，如分光光度计等。对误差的分析也是测量中的重要组成部分，误差包括系统误差和偶然误差，实验中需尽量控制误差的来源，以减小误差。

观察和测量是一项简单的智慧技能，通过一定的程序性知识，来完成观察的目的。从智慧技能的分类看，观察和测量是一项辨别的过程。

（3）记录。

实验记录在科学研究过程中具有非常重要的作用，是研究者从事科学实验时对所获得的原始资料的直接记录，是防止科学不端行为发生的有效方法。实验记录应该将每一项实验的原始设想、实验设计和方法、过程、结果及分析、实验体会等记录下来，尤其应客观和详细地描述实验过程中观察到的各种现象（包括正常与异常），实验数据不但要真实记录，还要加以计算、处理和分析，每项实验完成后要进行小结与讨论。[1] 实验记录常被认为只是一项简单的科研工作，不属于技能的范畴，然而如果不掌握实验记录的方法，记录的信息和数据可能不够完善，进而影响实验的进程。

关于实验记录的常见问题包括记录不完整或缺失、实验记录混乱无序、记录不科学或不严谨等。[2]

观察和记录是分不开的，二者都需要有明确的目标，往往是同步进行着的。例如，在使用高倍镜观察几种细胞时，学生需事先确定需要观察的对象，做好辨别，如细胞的形状、大小，细胞内有哪些结构等。在观察时，需要一边观察，一边将观察到的现象填写在实验记录本中。做好记录的前提是学生已知所要观察的各类别。记录的方式多种多样，可以是数据表格、视频、图片、绘图等。例如，在进行胞质环流观察的过程中，学生需要按照显微镜的操作规范，先使用低倍镜观察，再使用高倍镜观察，找到胞质

---

[1] 孙汭，魏海明，田志刚．研究生实验记录的培训和规范化管理 [J]. 学位与研究生教育，2010（4）：26-29.

[2] 夏利宁，郭俊先，赵红琼，等．如何培养研究生养成科学的实验记录方法 [J]. 黑龙江畜牧兽医（上半期）2015（8）：258-260.

环流现象明显的细胞，此时可借助与显微镜连接的平板电脑摄像，保存视频资料。另外，在观察细胞胞质环流现象的实验中，可以引导学生观察和比较不同细胞胞质环流的速率，设计记录表格，确定需要记录的物理量，进而推算出胞质环流的速率。

5. 数据分析

数据可以是数字，也可以是图表、声音、影像等。数据分析建立在数据收集以及实验记录的基础之上，学生对数据进行整合，可运用图表等形式来展示数据，进而对数据背后所蕴含的规律进行解析。

在中学生物学教学中，通常有以下几种数据处理和分析的方式：①计算平行实验数据的算术平均值，减小偶然误差。例如在遗传学实验中，模拟 X、Y 染色体自由组合的结果，采用计算算术平均值的方法，且测量次数越多，平均值越接近于 1∶1。②制作图表，将得到的数据整合到表格中，使得数据结果更为直观，抑或是制作成图形，如折线图、柱状图、饼状图等，便于看出数据之间的关系和总体趋势。在制作图表时，需要根据实验中的自变量、因变量来设计。同时还需要根据数据来绘制图表，以清晰、准确地表达数据。学生需要通过图表，运用数学工具分析误差以及误差产生的原因。

数据分析应遵循真实性和科学性原则，涉及对前期变量的理解和数学方法的使用，需具备一定运算能力、作图能力。数据分析是回应假设的证据，学生需识别整体数据中与因变量有关的数据，按照预先设计的规则进行转化，最终判断假设的正确与否。

中学生物学实验教学中，科学解释往往出现在实验操作之后，学生通过一系列的实验操作，得到数据，检验假设。但是仅有数字、图片等资料，可能难以直接检验假设成立与否，还需要对数据进行恰当的处理，将其转化成证据。例如，在探究 CO_2 浓度与光合作用强度之间的关系、探究温度对酶活性影响等实验中，可以将实验获得的数据转化为折线图，进而发现规律，并对发展趋势进行预测，从而得出结论。以上两个例子都是可以通过图表直接得出结论的，但是还有一些情况下需要对实验获得的数据进行计算，如亚硝酸盐含量的测定，需要根据标准曲线计算所测样品的亚硝酸盐含量。在高中生物学科中，涉及的数学计算较少，一般不需要复杂运算，难度相对较低，容易让学生产生“生物学科中不需要计算”这样的误解。另外，通过对我国高中生物学教科书中科学过程技能进行统计分析，可以发现数据分析与解释这一技能的出现频率较低，也容易让学生产生上述误解。因此，在生物学教学中，需适当增加有关数据分析与解释的内容的训练。

6. 科学解释

在对儿童的研究中发现，科学解释的策略可以分为基于理论的科学解释和基于证据的科学解释两种类型。[1] 前者的理论来源包括直觉、个人经验等，而基于证据的科学解释需要遵从实验的重复、对照、单一变量原则，否则为无效解释。

科学解释是指在数据分析的基础上，结合研究问题，对研究问题进行解答，结合相关科学知识，尝试对研究结果进行科学解释并得出结论。科学解释是把某种现象（特别是自然现象）纳入科学规律，使得现象得以理解。在科学解释中，需要说明或理解的陈述叫作被解释项，而对被解释项做出的可能的理论阐述叫解释项。科学解释需满足两个基本要求，一是合逻辑性。解释项和被解释项之间必须是逻辑相关的，即具有逻辑上的“可推导性”。一般地，解释项应是推导出被解释项的前提，或说解释项中蕴含着被解释项。二是可检验性。构成科学解释的陈述必须具备可检验性，在原则上或逻辑上均可检验，既包括在技术上能直接接受观测或一般实践的检验，也包括基于假说的基本理论观点推导出来的关于事实的新陈述能够接受检验。在科学研究中主要涉及后一种情况。

科学解释有两种基本模式，一是演绎—规律解释，它以普遍有效的必然规律为基础，以演绎的方式使被解释项为解释项所蕴含。二是概率性解释，即以统计性规律为基础，其被解释项不是逻辑地由解释项所蕴涵，而且是由解释项说明被解释项的或高或低的概率。[2]

---

[1] 杜秀芳，张承芬 . 科学探究学习：心理学的研究视角 [J]. 教育导刊，2007（6）：11-14.

[2] 孙宏安 . 科学教育概论 [M]. 大连：辽宁师范大学出版社，2002：52-73.

逻辑推导多为演绎推理，其前提不只是假说的基本观点，还要包括背景知识，即有关定律、原理和某些关于先行条件的陈述。演绎推理的结论或者是一个关于已知事实的陈述（即解释已知的事实），或者是一个关于未知事实的陈述（即预测未知的事实），后者对检验预测来说更为重要。检验的过程主要是通过实践活动来验证这些关于事实的结论，如果所做的预测经实验验证是成立的，那么假说就在一定程度上得到了证实，其预测成功的事实越多，其被证实的程度就越高。如果预测的事实经实验验证是不存在的，那么，假说就在一定程度上被证伪，其预测失败的情况越多，其被证伪的程度就越高。人们通过对演绎结论的事实陈述的判断可得知假说的真伪，即有关的方法以至结论有可错性或可证伪性，它们与可检验性是相通的。

在中学生物学教学中，学生获得实验结果，进而推出实验结论，这一过程包含以下思维活动：通过实验现象、实验数据得出自变量和因变量之间最直接的关联；通过对这一结果在更大范围的适用性进行拓展延伸，结合学科知识，完成科学解释。

科学解释不一定是正确的。一方面，过去科学中的许多解释当时认为是正确的，而现在看来是错误的，如热质说、燃素说等。现在科学中的许多解释将来也可能被证明是错误的。科学解释是一个不断发展、不断推陈出新的过程，特别是科学理论的发展能够提供新的解释。另一方面，科学解释体现的是科学理论的特点或科学理论的功能，而科学理论并不是绝对真理，它不仅分为许多学科，而且在许多情况下还表现出多元性，因此对同一个现象往往可以用不同的理论来解释。

7. 推理

推理可分为归纳推理和演绎推理两类，演绎推理就是前提与结论之间具有充分条件或充要条件联系的必然性推理。演绎推理有两个重要性质，其一，它是根据前提的逻辑性质进行推演的；其二，它是必然性结论的推理。从性质一可以看出，作为演绎推理，思维向前推进主要依据的是前提（命题或判断）的逻辑性质，而前提的逻辑性质可以保证有效地从前提过渡到结论。根据性质二，演绎推理是逻辑必然地从前提到结论的一种推理形式。

所谓“必然地”，是指有某种前提，必有与之相应的结论。心理学中的演绎推理大多指从一般推论到特殊的过程，归纳和演绎似乎可以看作是正好相对应的过程。根据过程理论，归纳推理和演绎推理拥有同一种心理机制，二者不同之处在于判断标准不同。而双过程理论则认为，二者是两个不同的过程，归纳推理更多地受快速启发过程的影响，快速启发过程不需要复杂的逻辑判断；演绎推理则更多地受慢速的分析过程的影响，慢速分析过程相对更为严谨和准确。

有研究表明，与归纳命题相比，命题有效性对演绎推理的影响更大。这是由于演绎推理是一个包含逻辑的推理过程，对结论的把握更加谨慎和严格，正确率也更高。因此，当被试无法确定一个命题是否符合逻辑正确性时，他将更倾向于拒绝该命题。而归纳推理则不同，归纳推理本身是一种或然性推理，即根据前提无法判断结论必然为真，例如，即使我们知道再多的树都具有某种共同的属性，也无法百分之百地把这种属性推广到所有的树。这也解释了为什么被试对演绎推理的判断信心更大。

心理模型理论认为，演绎推理包括三个阶段：前提加工阶段——被试通过阅读第一条前提建构最初的心理模型；前提整合阶段——被试整合其他前提形成整体的模型，并得出假定的结论；确认阶段——被试通过建构前提的其他模型来确定假定的结论是否正确。根据心理模型理论的观点，心理模型是图表形式的，因而图表的前提比句子的前提更容易形成心理模型。而从心理逻辑理论的角度来看，推理通过对规则的操作来实现，这种操作部分基于句法结构而进行，因而句子形式的前提应比图表易于进行规则的操作。对涉及不同材料的空间推理问题的研究证实了心理模型理论的预测。

在生物学研究中，演绎推理是一个重要的思维方法，在教学中需要重视训练学生演绎推理的能力和思维方法。比如，直言三段论、关系推理、假说演绎推理、假说演绎法、选言推理。

归纳法作为人类认识世界的一种重要逻辑方法，其显著的特点是通过对某类事物的个别对象的认识去反映该类事物的一般对象。归纳的这种特点有助于人们从个别认识一般，从特殊反映全体，有利于突破狭隘的思维空间，达到更广阔的视野，产生一种全新的认识。

归纳推理是从已知（或当前）观察到的现象推及即将观察到的未知现象的心理活动过程。它是一种人类对内处理信息的典型方式，又被称为认知策略，也叫策略性知识。当人们缺乏归纳推理任务中所需要的知识时，通常会根据客体、事件等之间的相似性来进行归纳推理，一旦人们获得了相关知识，知识在归纳推理中的作用就会凸显出来。学生在进行一项科学探究时，归纳推理可用于从实验现象推导出规律，或做出预测。但是学生不可能凭空进行归纳，在进行归纳推理时，学生需有一定的背景知识，找出与该问题相关的各类实验现象，进而就研究问题进行归纳和预测。

中学生物学课程中的大多数概念中都包含了个例，也就是形成具体概念，但是要上升到抽象概念，则需要更多的例证去辅证，而这个过程往往很难通过大量实验去验证，此时可以通过文字材料进行归纳推理，比如科学史、某领域的科学研究进展等。

归纳推理和演绎推理是中学最为常见的推理策略，与实验设计、推理、解释息息相关。当学生利用显微镜观察不同类型的细胞时，会发现各类细胞之间有不同点，但如何从中得出植物细胞和动物细胞的特征，需要进一步的归纳总结。从已有现象出发，首先辨别事实，再按照一定的分类标准进行归纳，得出初步的结论，由于从少量案例中归纳得出的结论往往会略有不足，所以得出的结果还需进一步的修正。例如，多提供一些细胞的显微图像，供学生对比分析，直到得出一个较为满意的归纳结果，但此时仍然很难说这个结果就是即成的理论，只能说科学家按照这样的方式，得到一个又一个的假说，进而通过演绎，如果长期支持现有结论，才有可能说找到了植物细胞和动物细胞之间的异同点。所以归纳和演绎也是密不可分的两种认知策略，它们在形成科学结论时都扮演着不可或缺的角色。

类比推理和归纳推理一样，都是非确定性的推理，推理结果不可作为最终的结论。

8. 建模

模型可以有多种表达方式，如实物、语言、数学、视觉、手势（动作）等，可静态、可动态，可定性、可定量。生物学实验教学中的模型通常包括物理模型、数学模型和概念模型等。物理模型是对事物的直观化呈现，可能是对实物的放大，也有可能是对实物的缩微，例如DNA的双螺旋结构模型、酶反应机理的锁钥模型、植物细胞模型、动物细胞模型等。数学模型是通过数学公式或数学图形的方式来描述生物学概念或规律的形式，例如种群数量增长的S型模型、有丝分裂和减数分裂过程中的DNA数目变化模型等。概念模型是通过文字描述或示意图的形式来描述生物学概念的形式，是对抽象事物本质特征的文字表述，例如光合作用过程中物质和能量变化的解释、用概念图的方式表示概念关系等。

模型在科学研究中的功能聚焦在两方面：第一，模型可以使所描述的事物简化或抽象化，可以对事物进行描述、解释和预测；第二，模型有助于人们沟通彼此的观点和加深对事物的理解。

建模是科学过程技能中的一部分，是进行预测和构建解释的基础，也是检验学生对生物体结构理解程度的一种检测方式。建模过程基于综合多种规则和概念建立，属于高级规则即解决问题的范畴。建模的学习步骤包括：①明确建模目的，选择所要进行建模的内容；②基于建模目的和模型功能，选择合适的模型表达方式；③模型建构；④检验和评价该模型；⑤修正模型。

学生在制作真核细胞模型时，首先需要辨别细胞内各结构的异同，特别是不同细胞器在形态上的差异，如叶绿体、线粒体和内质网，再选用不同材料制作成不同的形状来表示细胞内的特定结构。其次，将各个细胞器组装成细胞模型，此时需要指出不同结构之间的相互关系，注意膜系统的内在关联。

学生在构建有丝分裂过程和细胞周期的模型时，需要利用显微镜观察根尖分生区组织的细胞，识别处于不同分裂时期的细胞，利用结构与功能观分析不同时期的先后顺序。然后统计视野中处于不同分裂时期的细胞的数目，重复统计不同的视野，然后进行汇总，确定细胞周期中不同时期的相对时间长短。由此可以看出，建模是一个解决问题的综合过程，需要运用多种技能和思维。

第三节 科学过程技能培养的特点

通过第二节中对不同科学过程技能习得过程的阐述可以看出，科学过程技能与学科知识协同建构和发展，且需要注意技能培养时的层次性，同时技能的发展都发生在具体的科学实践过程中。

一、技能发展离不开学科知识

在寻求科学教育和科学研究之间的联系方面，“做科学”有不可替代的作用。虽然科学教育和科学研究的研究领域及它们各自的学术界似乎有许多潜在的联结点，但仍然处于隔离状态。由于实验本身即生物学科学家们研究科学的最重要方式，因此，要让学生认识科学，进行科学实验是最直接的方式。[1] 杜威（John Dewey）在《我们如何正确思维》（*How We Think*）一书中提到，科学教育不仅仅是让学生学习大量的知识，还要学习科学探究的过程或方法，最好的方法就是从做中学。[2]

施瓦布（Schwab Joseph）主张教师和教科书都应该以科学探究为主，以探究的形式来教授科学。他认为学生在知道一定的科学原理后，利用常规的研究方法，对某个科学问题进行探索，以寻找证据，从而积累科学知识。他同时还提出“探究的探究”，教师给学生提供关于研究的材料，学生参与到科学探究各个方面的讨论中，进行多种解释、实验、论辩、运用等。[3]（见图 2-2）

[1] SETTLAGE J, SOUTHERLAND S A. Teaching science to every child: using culture as a starting point [M]. 2nd ed. New York：Routledge, 2011: 172.

[2] 杜威 . 我们如何正确思维：芝加哥大学的精品思维课 [M]. 常春藤国际教育联盟，译 . 北京：现代出版社，2017.

[3] 钟启泉 . 现代教学论发展 [M]. 北京：教育科学出版社，1992.

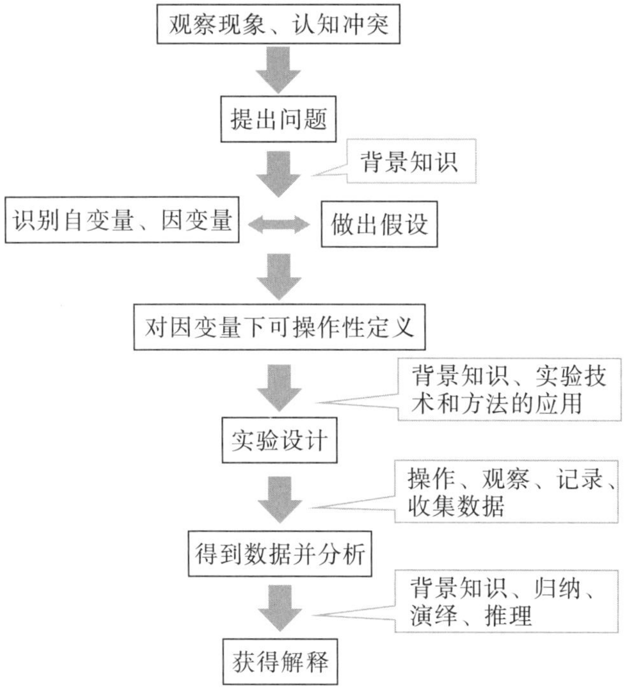

图 2-2　科学过程技能的教学层次以及与知识的协同构建

中学生物学中的情境有多种来源，如教材、科学实验、科学史、科学文献等。因此，学生可以通过真实实验、科学史、科学文献等情境进行科学探究，逐渐发展和提升科学过程技能。在此过程中，背景知识对学习者进行科学探究同样重要。背景知识是学生对问题进行概念化的基础，是做出合理假设的“智力库”，是选择合理实验方法的保障，更是进行科学解释的关键。

二、技能培养具有层次性

智慧技能理论给我们提供教学目标的层次安排，若要培养学生实验设计能力，学生须具备必要的背景知识、相应的实验技术和方法，以及识别变量、下可操作性定义等技能，掌握实验设计的原则，知道实验设计的一般流程，按照程序性知识进行操作，并能将其应用到当前的实验中。

从生物学科教育的角度看，生物教育的目的是通过生物教育让学生掌握生物学科知识，同时也让学生掌握生物科学探索中的方法、技能、思想等。在明确目标并找到合适的实验教学内容后，应将不同层次的技能学习渗入到教学之中，根据目标有意识地处理技能学习与知识学习之间的联系，并及时做好评价和反馈。

三、技能培养需在实践中完成

在探究式科学教育过程中，学生应学习探究的方法、掌握核心的科学知识和概念，同时培养批判性思维，以及尊重事实、尊重别人、合作而主动积极等态度。科学探究的形式多种多样，如基于科学实验的探究、基于模拟实验的探究、基于生物科学史的探究、基于科学调查的探究、基于科学设计活动的探究等。[1] 无论是动手活动探究，还是思维探究，均可培养学生的科学过程技能。为了能够在日常课堂教学中渗透科学过程技能的培养，通常需要将科学过程技能纳入教学目标，通过具体的教学活动提升学生的相关技能。基于现实的考量，课堂教学可以通过实验课、选修课程、STEAM 课程等多种途径培养学生的科学过程技能。

四、小结

科学过程技能按照加涅的学习结构分类，可分为智慧技能、动作技能和认知策略，其中按照智慧技能层级理论，又可分为辨别、概念、规则和高级规则，难度逐级提升。

尽管科学过程技能的习得包含大量内隐学习，但仍然不能排除外显学习的重要性。当探究难度较大，对结构不良问题的转换能力成为学生能否完成科学探究的重要因素，理性思维和意志力的认知策略就会凸显其重要的积极意义。[2] 因此，科学过程技能的培养需与知识相辅相成，具备层次性，在实践中循序渐进，做好从基本科学过程技能向综合过程技能的过渡。

---

[1] 冯莉 . 体验生物科学探究：基于案例的探究活动实验设计 [M]. 北京：高等教育出版社，2004：32.

[2] 樊琪 . 科学探究技能的内隐与外显学习的比较研究 [J]. 心理科学，2005，28（6）：1375-1378，1374.

第三章

科学过程技能的培养策略与途径

学生科学过程技能的培养，一方面需要基于特定的教学理论的教学设计支持，另一方面需要通过多种途径为学生创造习得和运用科学过程技能解决问题的机会，经过不断的练习和强化，并迁移应用到新问题情境中，从而使得科学过程技能同步发展和提升。

第一节　科学过程技能的教学设计理论

在教学时，可以依据梅里尔提出的首要教学原理开展教学设计，结合建构主义学习理论，激活学生的原有知识和技能，在特定的任务情境中培养学生的科学过程技能。

一、理论框架

梅里尔（M. David Merrill）对影响教学的效率、效果以及吸引力的因素进行了分析，提出首要教学原理的五条基本原则[1]：以问题为中心（problem-centered）、激活（activation）、呈现（demonstration）、应用（application）、融合（integration），其中任务处于核心位置（见图 3-1）。她认为当学习者在解决一个现实世界问题时，如果已有知识和技能被激活，在此基础上获得新知识，同时学生能够观察到教师向其展示的所要学习的新技能，并运用这些新知识和新技能解决新情境中的实际问题，通过反思和讨论，巩固获得的新知识和新技能，那么此时学生的学习就得到了实质性的进步。这种能够促进学生真实学习的教学才是有效的教学。[2]

---

[1] MERRILL M D. First principles of instruction [J]. Educational technology research and development, 2002, 50(3): 43-59.

[2] ELEN J, CLARK R E. Handling complexity in learning environments: theory and research [M]. Bingley: Emerald Group Publishing Limited, 2006: 265-282.

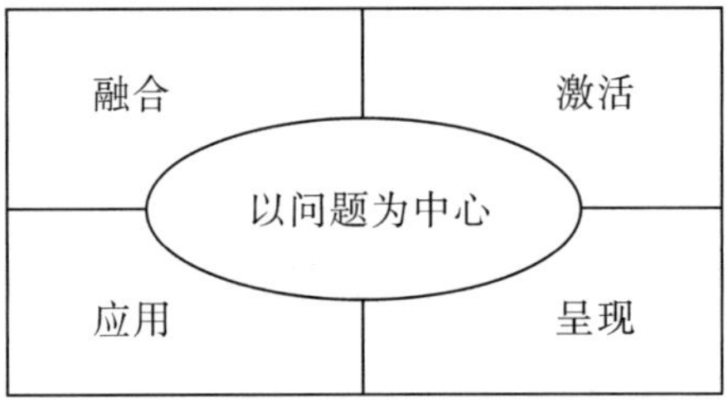

图 3-1 首要教学原理中五条基本原则的关系

二、实施与操作技术

在运用首要教学原理开展教学设计时，需要从多任务逐步展示、多途径激活旧知、明晰活动与技能目标对应关系、技能的再次应用与反馈训练、拓展应用于解决生活问题等环节进行逐步设计。

1. 多任务逐步展示

只有当学习者真正参与解决生活实际问题时，其学习效果才能够得到提升。这些生活实际问题并不是一些零散生活场景，而是现实世界中与学生所学知识或技能密切相关的典型问题。在教学中，需要明确学习目标，这并不意味着单纯地向学生陈述一遍学习目标，而是帮助学生明确在具体任务中需要达成的目标。若学生在理解上存在困难，教师可以给他们提供具体的样例，以帮助他们理解任务的要求。

科学过程技能的教学需要依托于科学实践活动而进行，一个完整任务的教学包括 4 种内容，即提出问题、解决该问题所要求完成的任务、完成具体任务的各种操作行为、构成某一操作行为的各种动作。

在生物学教学中，可以从简单问题着手，逐步深入、循序渐进。例如，通过查阅资料，给学生提供一个清晰真实的问题，确定一组复杂真实情境的先后序列，情境可来源于教科书、科学史、生物学前沿、日常生活等，让学生着手解决问题。问题中可以包含多个任务，每个任务所要培养的科学过程技能各有侧重，同时逐渐加大任务难易程度，教师为学生提供的辅助指导也越来越少。

2. 多途径激活旧知

激活学生的原有经验，目的是展示他们的已有知识和经历，为新知识的学习提供起点和奠定基础，这与建构主义学习观的思想是完全一致的。旧知的激活需要铺垫相关旧知、梳理旧知结构，让学生能够将新知识纳入旧知识的结构当中。

学生在正式学习开始之前，对生物现象有着一定的认知和积累，这些认识可能是科学的，也有可能存在认识偏差，甚至是错误认识。教师需要提前了解学生学习基础，然后在此基础上为其提供新的知识，帮助他们在新旧知识之间建立联系，从而形成新的认知结构。在进行生物学科学过程技能的教学中，需联系学生的生活经验和已有技能水平，预测学生可能出现的错误，为学生创造新旧知识点的冲突。通过学习新知识化解冲突，从而帮助学生获得新技能或提高已有技能的精熟程度。

在教学设计前，教师需要分析学生完成任务所需的条件保障、任务的预期结果或者活动要求，以及一系列为达成目标所开展的各项活动，从而为学生生物学科学过程技能的发展做好整体规划和布局。

3. 明晰活动与技能目标对应关系

在教学过程中，需要明确学生的学习活动以及需要构建的知识和理解，确定这些知识的类型，并用恰当的形式将其展示给学生。在必要的时候，知识的主要展示形式与辅助展示形式应相互配合，以帮助学生全方位地理解所需要掌握的知识。教学设计模式需有利于学习目标的达成，没有单一的、绝对可靠的、最好的教学方法，应选择与知识构建相一致的教学方法，而不能局限于某种特定的方法。[1]

不同的教学任务，有不同的教学策略。在进行科学过程技能的教学设计中，教师需经常思考几个问题：该活动是否能够达成科学过程技能培养目标？该活动与科学过程技能的学习内容相一致吗？该活动同预先设定的评估相匹配吗？该活动能支持学习者的学习吗？

在生物学教学中，科学过程技能的教学策略应着力展示学生所要获得

[1] 盛群力，马兰 . 简论教学设计的重要理念 [J]. 教育科学研究，2006（9）：38-40.

的技能，教师应该做好全方位的教学成分分析，明确学习活动中的知识和技能目标分别属于什么类型，如信息、成分、概念、程序、原理等。

4. 技能的再次应用与反馈训练

科学过程技能的获得需要学习者将其应用于解决问题，教学时可以通过一致联系、渐减指导、变式问题解决等环节逐步帮助学生获得相应的知识和技能。

在生物学教学中，学生在学习了新的科学过程技能之后，需利用该技能尝试解决具体问题。教师可以提供新情境，让学生进一步巩固、迁移所学习的科学过程技能。应用的过程中，学生要得到必要的反馈，这也是有效教学的必要阶段之一。此外，如果学生在应用的过程中出错，教师需引导他们进行反思，从中吸取教训，进一步掌握相应科学过程技能的应用原则和具体策略，这也是问题解决的必然过程。

在科学过程技能的应用阶段，学生能够在不同的生物学情境中，利用所学习的科学过程技能，渐渐完成探究过程，最终可以自行设计和实施一项完整的探究活动，从而使得相关技能的精熟程度不断提高。

5. 拓展迁移，应用于解决现实生活中的问题

在学习过程中，学生学会融会贯通，例如将所学知识和科学过程技能应用到日常生活中，这样能够促进其学习效果。

学生通过应用所学的知识和科学过程技能，反思和完善所学知识的应用范围，超越日常教学中的情境，将新知识或科学过程技能用于解释常见的自然现象或解决现实生活中的常见问题。比如学生通过生物学实验学习了观察、控制变量、设计实验等科学过程技能，掌握了实验设计的规范，然后运用这些技能探索酸奶的制作条件等现实生活中的问题。再如，学生在现实生活中，可以运用观察和测量等科学过程技能尝试探索泡菜制作过程中适宜的盐浓度等条件，以及确定泡菜制作过程中亚硝酸盐含量最低的腌制时间，从而明确运用特定食材制作泡菜的最佳食用时间等。

第二节　科学过程技能的教学设计步骤和原则

教学设计模式将系统方法、线性和循环运作相结合，根据基本问题确立模式，并根据基本问题或基本成分确立教学设计的框架。[1] 为了更好地进行科学过程技能的培养，教师可依据首要教学原理，按照图 3-2 所示的教学框架进行教学设计。

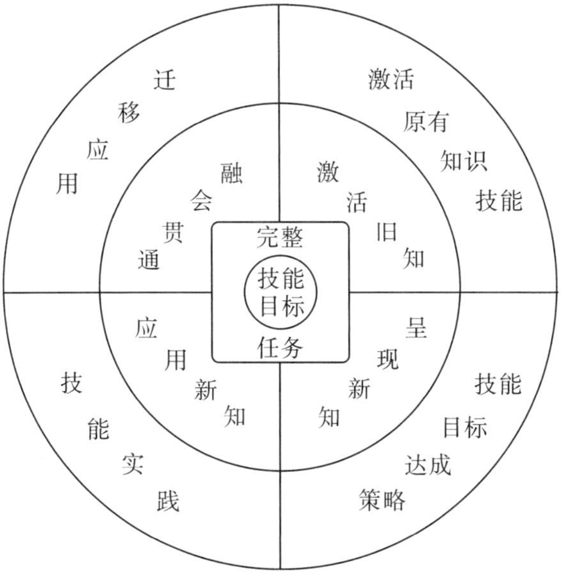

图 3-2　首要教学原理培养科学过程技能的模式图

一、面向完整任务，确定技能目标

面向完整任务是指教师需要确定一节课所要达成的具体而系统的目标。科学过程技能的培养应与概念教学整合在一起，相互促进，共同构成教学的核心任务。确定某个主题教学内容的科学过程技能目标是落实科学过程技能教学的第一步，然后在此基础上展示完整的教学任务。

在生物学教学中，核心任务是以情境为载体帮助学生构建生物学概念

[1] 盛群力 . 教学设计的基本模式及其特点 [J]. 广州大学学报（社会科学版），2006，5（7）：32-37.

和提升科学过程技能。对于不同年级的学生，不同科学过程技能的要求不同，技能的习得不可能一蹴而就，需要依据课程标准的要求，进行阶段培养，逐步提高其精熟程度。科学过程技能的学习过程不是直线上升的，而是呈现螺旋式上升的特点。在不同的活动任务中，可能都会涉及同一科学过程技能，因此，需要对技能的培养做整体规划和设计。

根据教学的核心任务，设定科学过程技能的教学目标内容和层级。首先，需要明确具体科学过程技能的目标类别，例如识别变量、实验设计等。然后设定对技能所要达到的层次要求，例如识别待研究问题中涉及的变量，设计合适的方法来调节自变量，观测因变量，控制无关变量对研究结果可能产生的干扰，根据研究目的设计对照实验和重复实验，并根据研究目的和已有条件实施研究方案等。

在确定核心任务的技能目标时，应遵循以下原则：

（1）分析教学中的核心活动任务，明确所要达成的科学过程技能目标。

（2）在教学过程中，确定达成相应科学过程技能目标的最佳教学策略。比如对于实验设计技能，教师应指导学生遵循实验设计的基本原则，按照一定步骤方法进行实验设计。

（3）将技能教学目标与主要教学环节相匹配。比如教学目标中含有提出问题，核心任务中就应该设定相应的教学环节指导学生体验提出问题的过程，学习提出问题的基本要领。

（4）所设定的科学过程技能目标在核心任务中做到全覆盖，即在教学过程中对设定的技能目标进行逐一训练。

二、激活旧知

在教学设计时，教师需要做学情分析，充分了解学生的知识基础和技能水平，然后考虑激活他们原有的知识和技能，并指导学生尝试在新旧知识之间建立联结。

若要激活学生的已有知识，首先需要分析学生的旧知处于何种水平，这也是进行教学设计的基础性工作。在激活旧知时，可以从学生实验学习经历当中寻找素材，也可以根据教学经验，结合以往教学过程对学生相应技能水平的了解做出初步判断。另外，教师还可以通过考试评价、日常实验表现等方式了解学生的知识和技能水平，然后以此为基础设定分层学习目标，以满足不同学习能力的学生的发展需求。同时，教师需要基于学生现有技能水平与预期目标之间的差距，补充必需的背景知识，比如在探究活动之前，学生需要理解特定探究活动的基本原理，他们才能够认同探究步骤，而不是机械地记忆这些步骤。另外，在必要的时候，教师还需要鼓励学生回忆或表达他们对相关科学过程技能的理解，从而展示其已有的技能水平。

在进行教学设计时，激活旧知应遵循以下原则：

（1）让学生回忆已经学习过的科学过程技能，或展示学习某项科学过程技能的经历。

（2）向学生提供或鼓励他们构建所学技能的组织结构。教师鼓励学生将已学的技能与即将学习的技能相联结，或者直接给学生提供新旧技能联结的方式。

（3）为学生展示新旧技能如何建立联系，指导学生思考如何将所学的新技能整合到已有的某个知识组织结构中去。在讲解所要学习的新知识和技能时，教师应指导学生思考如何将自己的已有技能运用到当前的情境中。

（4）在尝试应用时，教师需提供必要的辅导，以帮助学生回忆起相应技能对应的组织结构，促进新技能的应用。学生在应用新技能（如实验设计技能）时，教师应指导他们将习得的新旧技能应用到当前的实践过程中。

（5）学生有机会反思习得的新知识和技能如何与原有知识和技能相联系。在新技能的应用过程中，教师应设计相应的教学环节让学生对新学习的知识和技能与原有的知识和技能进行比较，寻找它们的异同点，为新旧知识和技能之间建立联结提供支持。

三、呈现新知

对于不同的科学过程技能，可以选用恰当的教学策略加以呈现，比如语言讲授、PPT 展示、视频展示、操作演示等，不管选择哪种展示策略，其根本目标都是为学生提供关于新知识或技能的范例。

在探究教学过程中，需要系统地训练学生的科学过程技能，需根据科学过程技能的训练目标，设计相应活动任务，应遵循“目标—策略—活动”的一致性。

在教学设计时，呈现新知需遵循以下原则：

（1）为学生提供在真实或模拟环境中学习相关科学过程技能的机会。教师在指导学生学习不同科学过程技能的要领时，应采用真实或模拟的探究情境案例来进行，而不仅仅进行抽象讲解。

（2）教师向学生展示每个科学过程技能的预期结果。教师在指导学生理解某项科学过程技能时，应向他们展示该技能学习过程中的阶段性成果和最终结果。

（3）教师引导学生关注技能的使用条件或要求。

（4）教学内容应按照由易到难的顺序来呈现。教师可通过多种形式展示对某项科学过程技能的指导和要求，做到循序渐进，逐步精熟。

（5）呈现新知识时使用恰当的媒体。教师在指导学生理解某项科学过程技能时，可以选择恰当的媒体来辅助呈现。

四、应用新知

在完成科学过程技能的教学后，要为学生提供及时实践的训练机会，并进行过程性评价，对学生的表现提供必要的反馈信息。

对于学生在学习后科学过程技能目标的达成情况，可通过对学生在实验中的表现、学案的填写情况、课后作业或小测成绩等途径来评价，评价的方式应多样化。对于科学过程技能的评价尤其不能仅限于纸笔，需要结合学生的实验完成情况、纸笔作业或小测试、实验反思等多种信息来进行综合评价。

在教学设计时，应用新知需遵循以下原则：

（1）学生在真实或模拟情境中进行实践，按照每项科学过程技能的要求来完成任务。

（2）组织学生进行自评，教师及时进行评价反馈（告知学习者某项操作或动作是否恰当）。教师应引导学生留意并反思自己的实验探究过程，包括操作方法和思维方式，组织学生开展互评，并对学生在实验探究过程的具体表现进行及时的反馈。

（3）为学生提供由简单到复杂的任务序列，而不只是一个单项任务。

（4）在不同的任务序列中，按照任务序列的先后顺序，针对某项科学过程技能，为学生提供的学习指导应随着实验任务的进行而逐渐减少，在后续的任务中，留给学生更多实践应用的机会。

（5）及时进行反馈。

五、融会贯通

为学生提供更多的实践应用机会，进行知识技能的迁移应用，激发学生进一步学习的动机，并将其看作是检验学生科学过程技能水平的重要环节。

在完成实践活动后，尽量给学生提供能够应用新知识、新技能的拓展项目活动，这项活动应贴近生活，便于学生理解，也应尽可能降低活动的客观条件要求，使得大多数学生都有机会将新获得的知识和技能应用于问题解决，能获得新的体验以及对知识和技能的深入理解。

在教学设计时，融会贯通需要遵循以下原则：

（1）学生应有机会反思、讨论和辩论他们学到的科学过程技能。教师应提供机会让学生反思已经习得的技能。

（2）学生应有机会探索个性化的方法，来创造性地使用他们学到的新技能，比如拓展性的实验探究课题等。

（3）学生应有机会公开展示他们学到的新技能，比如参加比赛、汇报和分享研究成果等。

第三节　科学过程技能的培养途径与案例

在教学中，可以通过多个途径培养学生的科学过程技能，例如常规的实验教学、STEM 活动、科技活动或研究性学习等，通过对科学过程技能培养目标的整体布局，做好科学规划，为学生科学过程技能的不断提升提供支持。本节将以案例剖析的形式阐述通过不同的途径培养学生科学过程技能的具体做法和要求。

一、通过实验培养学生的科学过程技能

实验教学是生物学课程的特点，也是生物学教学的基本形式之一。实验教学是指教师组织学生在生物学实验室和校园内外开展的教学活动，既可以是动手、观察类的实践活动，也可以是以解决问题为特点的探究活动。因此，实验教学可以培养学生的科学过程技能。

在开展实验教学时，可以通过实验内容分析、设定技能培养核心任务、激活原有知识技能、选择技能目标的达成策略、技能的实践及反馈、实验反思等环节进行教学设计与实施，从而达成培养学生科学过程技能的教学目标。

生物学科有众多的实验，既有观察类的实验，也有验证性实验，还有模拟实验和探究性实验等。不管是哪种形式的实验，都能培养学生的部分科学过程技能。下面以高中生物学必修 1《分子与细胞》中有关酶的实验来说明如何通过上述步骤来培养学生的科学过程技能。

1. 实验内容分析

《普通高中生物学课程标准（2017 年版 2020 年修订）》中将大多数酶定义为“一类能催化生化反应的蛋白质，酶活性受到环境因素（如 pH 和温度等）的影响”，对应的教学提示为“探究酶催化的专一性、高效性及影响酶活性的因素”，该探究性实验是培养学生科学过程技能的典型活动。

在教科书方面，人教版普通高中生物学教科书必修 1 的第五章第一节

首先提出了酶的概念，通过第一个实验比较过氧化氢酶和无机催化剂对过氧化氢催化作用，通过观察气泡产生的快慢判断反应速率的大小，帮助学生对酶的高效性产生直观认识。接下来，提出猪肝研磨液中有某种物质，可以催化过氧化氢的分解，且催化效率很高，而这种物质的化学本质大部分为蛋白质。酶大多为蛋白质，其活性受到外界因素的影响，通过蛋白质的化学性质，可以推断温度、pH 等都可能影响酶的活性，为此教科书中安排了第二个实验“影响酶活性的条件”。除了必修 1 教科书中的探究实验以外，选修一教科书中也安排了探究不同条件下加酶洗衣粉、果胶酶的酶活性实验。

在高中生物学必修 1 教科书第五章的内容中，ATP 的转化、细胞呼吸、光合作用等都包含着复杂的生化反应，且都需要酶的参与。比较过氧化氢在不同条件下的分解实验与探究影响酶活性的条件，都是在细胞体外实现的实验，而呼吸作用、光合作用则是发生在细胞内，前者为简单无机催化反应，后者为生物体中复杂生化反应，选修内容则为酶在生产实践中的应用。

2. 设计培养学生科学过程技能的核心任务

在“降低化学反应活化能的酶”一节中，教科书安排了两个实验，实验一“比较过氧化氢在不同条件下的分解”；实验二“影响酶活性的条件”。

两个实验的科学过程技能培养目标如下：

实验一：针对过氧化氢在不同条件下的反应速率提出需要研究的生物学问题，并根据常识、已有生物学知识对其进行解释，做出假设；识别和控制变量；完成实验操作，记录实验现象；得出结论。

实验二：提供情境，学生提出可探究的生物学问题，并分析其中的因子，找出相关关系，并做出假设；分析实验中的自变量、因变量，确定控制变量的措施；按要求完成实验操作，自行设计记录表格并记录数据；分析和解释数据，得出结论。

在科学过程技能方面，两个实验的具体目标要求如表 3-1 所示。

表 3-1 “降低化学反应活化能的酶”一节的科学过程技能培养目标

科学过程技能	实验	具体目标要求
提出问题	实验一	针对真实情境提出初步的生物学问题
	实验二	可以针对特定情境（已有生物学术语表征）提出可探究的生物学问题
做出假设	实验一	（1）根据直接经验对所要研究的问题做出尝试性假设 （2）根据已有生物学知识对所研究的问题做出尝试性假设
	实验二	能够将做出的假设与研究的问题形成合理的逻辑关系
设计实验方案	实验一	可以识别研究问题中的自变量和因变量
	实验二	对自变量和因变量下可操作性定义，并采取合理的措施控制无关变量对实验结果的影响
实验操作	实验一	（1）熟练使用胶头滴管、量筒等实验器具 （2）能够独立、准确地根据要求完成实验操作
	实验二	可以规范地使用相关实验器具，按要求独立完成实验操作
数据记录	实验一	（1）在实验过程中按照给定格式对实验数据和现象做出条理清晰的记录 （2）能够自行设计适当的实验结果记录表格，对实验数据（现象）做出条理清晰的记录
	实验二	能够自行设计适当的实验结果记录表格，对实验数据（现象）做出条理清晰的记录
数据分析和解释	实验一	能够准确、真实、客观地描述数据之间的关系
	实验二	能够发现数据表现出的变化趋势，并得出结论

3. 激活原有知识技能

（1）实验一：比较过氧化氢在不同条件下的分解

知识层面：学生在初中化学课程中学习了过氧化氢在加热时会加速分解，并且也了解了在二氧化锰的催化下分解也会加快，但是并不知道生物组织内的某种物质也会加速过氧化氢分解，这对于学生来说是新知识。

在生活中，如果学生有过在皮肤伤口上涂抹过氧化氢的生活经历，他们若细心观察会发现，在伤口处涂抹过氧化氢进行消毒时，会产生较多的气泡，这意味着过氧化氢在快速分解，但是学生并不理解该现象的科学原理。在教学中，教师需要引导学生分析现象，帮助其思考现象中所蕴含的科学概念。

在实验中，教师并未提纯过氧化氢酶，只是通过实验现象初步推测出生物组织中可能含有某种可以催化过氧化氢分解的物质，但是这种物质究竟是什么，在实验中无法直接得出。因此，在教学中，教师不能直接告知学生生物组织中含有过氧化氢酶，而是引导学生不断思考生物组织中可能含有哪类能够催化过氧化氢分解的物质。

实验操作技能：学生在初中阶段使用过显微镜、解剖工具，也制作过临时装片，以及有着其他的化学相关实验操作的经历，对于胶头滴管、水浴锅等实验器具的使用已经有了一定的认识和经验，因此在本实验中，学生的操作难度相对较小。

实验设计技能：本实验是学生在高中生物实验中第一次较为正式地学习设计对照实验，学生在初中阶段虽然有了一定的基础，但是对变量、对照实验的理解还不够清晰，而这项技能是开展实验设计的前提和基础。学生在进行实验设计时，还需要掌握实验设计的基本原则，如对照原则、单因子变量原则、平行重复原则、简便可行原则、随机性原则等。因此，本实验中对于学生的实验设计技能的要求是可以识别研究问题中的自变量和因变量。

数据分析技能：要求学生能够准确、真实和客观地描述数据之间的关系。虽然该实验为定性实验，但学生仍然可以通过一定的方法来描述几种条件下过氧化氢分解的速率，例如记录相同时间内过氧化氢在不同条件下分解所产生的气泡个数，或者让学生想办法测量一定时间内产生气体的体积，进而进行数据分析。

（2）实验二：影响酶活性的条件

知识层面：本实验的原理为淀粉酶催化淀粉水解，淀粉酶在不同温度条件下的活性不同，可以用淀粉遇碘变蓝这一特性来检验反应后淀粉的有无，从而判断温度对淀粉酶活性的影响。此外，过氧化氢酶可以催化过氧化氢分解为氧气和水，通过设置反应体系的不同pH，测量产生的氧气体积，从而判断pH对过氧化氢酶活性的影响。从以上分析来看，学生已经在初中学习过用碘液检验淀粉的知识，同时在上一节课学习了关于酶的知识，因此，学生比较容易理解该实验的基本原理。

实验操作技能：学生使用水浴锅来控制反应体系的温度条件，通过配置不同pH的缓冲液来调节反应体系的pH，可以使用pH试纸或者pH传感器来确定已经配置溶液的pH。由于水浴锅的数量限制，可以4个小组共用一个水浴锅，各小组密切配合并注意安全。

实验设计技能：要求学生对自变量和因变量下可操作性定义，并采取合理的措施控制无关变量对实验结果的影响。本探究实验由于有了第一个实验的铺垫，学生对变量、对照实验等有了一定的理解，但是还难以独立进行完整的实验设计。

数据分析技能：要求学生能够发现数据表现出的变化趋势，并得出结论，可以通过对一定时间内产生气泡的数量进行计量，从而发现不同pH或者不同温度对酶活性的影响。

4. 科学过程技能目标的达成策略

这两个实验涉及的科学过程技能主要包括：提出问题、做出假设、设计实验方案、实验操作、实验记录、数据分析和解释。在教学过程中，可以通过呈现方式、讲解说明、尝试练习和学习指导等培养学生的科学过程技能，具体策略如表3-2所示。

表3–2　“降低化学反应活化能的酶”一节的科学过程技能目标达成策略

技能	策略			
	呈现方式	讲解说明	尝试练习	学习指导
实验操作	运用文字、图片、演示或视频等多种方式展示实验操作过程	进行实际操作，尝试行为和结果	进行实验操作，并给予反馈	重要步骤突出展示

续表

技能	策略			
	呈现方式	讲解说明	尝试练习	学习指导
提出问题	通过文字或讲解来展示如何针对真实情境初步提出一个生物学问题	以情境为基础，尝试提出问题，问题需可研究可回答	在真实情境中提出问题，并进行反馈	指出可以研究的问题具有哪些特点，并指导学生分析和修改他们所提出的问题
做出假设	通过语言讲解来展示如何根据已有生物学知识对所要研究的问题做出尝试性解释	以情境为基础尝试做出假设，并与所研究的问题建立关联	在真实情境中做出假设，并进行反馈	指出假设的合理性与不合理之处，指导学生对做出的假设进行修改和完善
实验记录	通过案例展示如何按照给定格式或自行设计适当的表格，对实验数据和现象进行条理清晰的记录	在实验过程中进行实验记录	得到及时的反馈	指出实验记录的规范性与不规范之处，指导学生对实验记录的方式进行修改和完善
数据分析和解释	通过案例、小组分享等多种途径展示如何用多种方式准确、真实、客观地描述数据之间的关系	在具体实验过程中进行数据分析和解释	及时对学生的分析做出反馈	指出数据分析与解释过程中出现的错误并解释
设计实验方案	通过语言或案例来展示实验设计的原则、识别变量、控制变量、下可操作性定义	与具体的案例相结合进行呈现	在实验中进行具体情境的练习	实验过程中指导学生对出现的意外现象进行解释

5. 科学过程技能的实践与反馈

在实验过程中，明确研究目的后，教师指导学生独立或以小组为单位进行实验设计，明确其中涉及的科学过程技能，然后再指导学生实施实验方案，在这一过程中练习运用相关的科学过程技能。与此同时，教师要对学生的表现给予必要和及时的反馈，以帮助学生进一步掌握这些科学过程技能的要点，提升技能精熟程度。

在实验一中，学生需要能够分析出实验中的自变量和因变量，理解什么是对照实验，并按照方案进行实验操作，学习相应的科学过程技能。在评价反馈方面，教师一方面可以针对学生在本实验中的表现提出具体的建议，另一方面可以由学生分析类似实验中的科学过程技能，进而评价学生的技能掌握情况。

在实验二中，首先根据学生在课前预习中学案的填写情况评估学生对识别变量、实验设计原则等技能的掌握程度，接着根据学生在分组进行实验设计时的讨论情况来评价他们的实验设计能力，最后根据学生的实验操作和实验报告来评价其实验操作技能及小组合作能力。

6. 实验反思

通过实验一，帮助学生认识到新鲜肝脏研磨液和无机催化剂（$FeCl_3$）均能催化过氧化氢的分解，且肝脏研磨液的催化效率更高。肝脏研磨液中的这类更高效的催化剂在高温中会失活，由此可以说明肝脏研磨液中含有过氧化氢酶，这种酶可能是蛋白质。因为只有这一次实验结果，不能进行不完全归纳过程，因此无法从本实验中直接得出“所有酶具有高效性”这一结论。通过实验可以得出的结论是“新鲜肝脏研磨液中的过氧化氢酶在室温下催化过氧化氢分解比无机催化剂的催化速率更快”。在科学过程技能的目标达成方面，对实验设计的技能要求相对较低，学生第一次接触变量的概念，要求他们初步理解对照实验和单一变量等实验设计原则，为实验二的顺利开展奠定科学过程技能方面的基础。

实验二的开放程度较高，学生以小组为单位探究温度和 pH 等因素对酶活性的影响。在实验过程中，有以下问题需要注意。

在探究温度对淀粉酶活性的影响时，淀粉与碘反应形成的蓝色络合物在高温下会褪色，但温度降低时蓝色会重新出现。如果将碘液直接加入反应后的试管内，即使淀粉未被分解，淀粉与碘反应形成的络合物在较高温度下也难以呈现出蓝色。因此，在反应结束后，需用滴管取几滴反应后的液体，滴入比色皿中，冷却后再观察颜色的变化。

在探究 pH 对酶活性的影响时，若使用氢氧化钠或盐酸来调节反应体系的 pH，由于氢氧化钠也可以促进过氧化氢分解，会造成在碱性条件下测得的酶活性偏高，影响实验结果的准确性。因此，在实验中，还需要设置只添加氢氧化钠的组别作为对照实验，排除无关变量对实验结果的影响。

在材料的选择方面，有条件的学校可以选取一些特殊的实验材料开展实验，例如所选酶的最适温度为高温或低温，而非室温或 37℃，所选酶的最适 pH 距离中性较远，大于或小于 7。

在科学过程技能的教学方面，实验一和实验二的技能目标是相呼应的，由于探究主题一致，学生对该主题的背景和原理较为熟悉，但由于学生尚未有过完全自主设计探究性实验的经验，因此本实验要求学生设计恰当的实验方案，对自变量和因变量下可操作性定义，并采取一定的措施控制无关变量对实验结果产生的干扰，并再一次强化在实验设计中如何消除无关变量的影响。

在实验操作方面，由于实验中所使用的仪器或设备操作起来比较简单，因此要求学生熟练地使用实验材料和仪器设备实施研究方案。

在实验结果的记录方面，需要让学生分组设计表格，用于记录实验结果，记录表格应该能够有条理地呈现实验结果，便于统计处理。

二、通过 STEM 活动培养学生的科学过程技能

STEM 教育是当前科学教育中的重要思想之一，强调科学、技术、工程和数学（science，technology，engineering，and mathematics）的整合，旨在引导学生综合运用多个学科的知识解决现实生活中的问题。《普通高中生物学课程标准（2017 年版 2020 年修订）》明确了生物学科核心素养，包括生命观念、科学思维、科学探究和社会责任，为了更好地培养学生的科学思维和科学探究素养，倡导重视实践的课程理念。在科学探究素养的

培养过程中，指向于解决真实问题的 STEM 教育是培养学生科学过程技能的重要途径。

在 STEM 教育中，通过设计特定的活动任务，在学情分析的基础上确定科学过程技能目标，选择恰当的教学策略，开展教学实践活动，从而培养学生的科学过程技能。下面以小球藻的 STEM 活动为例，阐述如何通过 STEM 活动来培养学生的科学过程技能。

1.STEM 活动任务

小球藻是一种球形单细胞淡水藻类，广泛分布于自然界，以淡水水域种类最多。它能够进行光合作用，生长繁殖速度快。细胞内的蛋白质、脂肪和碳水化合物含量都很高，富含多种维生素，可作为食物和饵料，因此小球藻具有很高的应用价值。基于小球藻的如上特点，研究人员利用小球藻开展了大量研究。

该活动可以安排在“光合作用的原理与应用”一节的教学中。在设计 STEM 活动任务时，教师选择小球藻作为实验材料，组织学生开展基于 STEM 思想的研究活动。例如探究光质对小球藻光合作用的影响，构建小球藻的种群数量变化的模型，探究小球藻的固定化技术以及固定化对小球藻的产氧量、生物数量的影响。在教学中，教师可以根据本校的实验室装备条件来确定探究的主题，选择恰当的设备或技术开展探究活动，例如利用传感器等设备探究光质对小球藻光合速率的影响，开展定量实验研究。

2. 学情分析

在知识基础方面，学生在初中已经学习了关于光合作用的基本知识，对光合作用的原料、条件、场所和产物有了一定的了解。但是对于光合作用的过程和影响因素的认识不够深入。

在科学过程技能方面，学生的实验设计能力有限，还不能够进行较为完整的实验设计，因此实验设计主体由教师提供的。但在 STEM 课程的后续学习中，由于学生有了一定的基础，教师尝试利用两节课的时间，给学生创设陌生的情境，让他们尝试自主选择探究问题，进行探究实验设计。此时，经过前期的探究实验之后，学生能够将前期学习中的科学过程技能应用于新情境中的问题解决过程，他们在经过多次探究之后，可以将相关科学过程技能逐渐内化和精熟，达到迁移应用的目标。

3. 设定科学过程技能目标

在该 STEM 活动中，主要是利用小球藻的固定化技术，探究固定化和非固定化，以及光质等因素对小球藻光合速率的影响。由于活动的主体部分是探究活动，因此能够较好地培养学生的科学过程技能。主要的科学过程技能教学目标为：

（1）运用固定化技术对小球藻进行固定处理；

（2）使用氧气传感器测量装置内氧气浓度的变化；

（3）对小球藻培养液进行取样，并使用血球计数板计算小球藻的种群数量；

（4）学生日常学习了操作视频后能够在探究实验中熟练地操作；

（5）根据小球藻的结构特点，尝试提出可探究的问题，并做出假设；

（6）根据给定的方案进行实验操作，并能模仿设计相似研究问题的实验方案；

（7）设计记录研究结果的表格，并填写观察数据。

4. 选择科学过程技能目标的达成策略

小球藻的固定化技术，以及相关探究实验的操作较为复杂，教师需要开展预实验，发现实验中的难点，以及实验过程中学生可能忽视的操作要领。在为学生制订实验方案时，尽可能地细化实验操作步骤，使其可操作性强，从而保证学生实验的成功率。

在该活动中，教师可以为学生先提供一个问题的实验设计思路，在完成第一个活动任务后，教师可以指导学生模仿第一个实验中的思路，针对第二个研究问题进行实验设计。学生通过自主设计实验，小组讨论和全班分享，教师及时发现问题，并给予指导和纠正。

在课堂教学组织方面，由于班额通常较大（每班大约 50 人），学生大都只能进行简单的操作，难以保证所有人全程参与真正的完整探究过程。因此，在教学中，教师应该为学生创造条件，提供多种动脑和动手操作的机会，以分小组的形式进行合作探究，从而为学生科学过程技能的培养提供必要的保障条件。

5. 拓展实践

通过该 STEM 活动，学生在获得有关光合作用知识的同时，还掌握了相关的科学过程技能。作为活动的拓展，学生还可以基于生活经验和已有知识，提出有关小球藻的其他感兴趣的研究问题，并进一步开展探究活动，最后在完成实验探究后撰写研究报告，从而体验一个完整的探究过程。经过这样的训练后，学生可以在生活中针对其他生物学现象发现、提出和解决问题，或者在老师的帮助下参加科研竞赛等活动，体会到科学探究的喜悦，对于保持学习动机、拓展自身对知识技能的应用有很大帮助。

6. STEM 活动概述

以“利用固定化技术探究光质对小球藻的影响”实验为例，简要分析如何在 STEM 教学中对学生的科学过程技能进行培养。

本案例主要包含两项任务，第一是对小球藻进行固定化，是“酵母细胞固定化”实验活动的变式，主要学习和练习使用固定化技术。第二是研究光质对小球藻光合作用速率的影响，是教科书中“探究环境因素对光合作用强度的影响”实验的变式。

在本次 STEM 活动中，要让学生能够自己设计实验，亲历科学探究过程。教师需要为学生提供必要的背景知识：①小球藻是一类普生性单细胞绿藻，生态分布广，具有易于培养、生长速度快等优点，是进行生物学研究和环境科学研究的好材料。②细胞固定化载体为微生物生长提供了充足有效的空间，保证生物反应器内较高的细胞浓度，使得反应速度加快。③藻类的生物量受到很多因素的影响，如光照强度、光质、pH 以及氮磷等矿质元素的含量、重金属含量等。

在实验技术方面，需要学生在活动任务结束后掌握如下生物技术：①小球藻的分离与培养；②固定化技术；③手持技术；④分光光度计的使用。教师需要先向学生介绍必要的背景知识和技术要点，然后再指导他们尝试新技术，如固定化技术等。在此过程中，教师需要通过查阅文献、预实验等充分的前期准备工作后，确定固定化技术的配方，以供学生进行小球藻固定化的实践应用。

在掌握了以上生物技术后，学生以小组为单位进行自主实验探究，研究以下问题：固定化小球藻和非固定化小球藻的光合作用有何不同？光质对于固定化小球藻和非固定化小球藻光合速率是否有影响？其影响程度是否相同？

（1）学生在 STEM 活动中遇到的困难。

实验操作本身对学生并没有实质性的困难，他们只需按照实验步骤来操作，就可以完成实验并得到结果。但是对于如何设计实验探究光质对固定化小球藻和非固定化小球藻光合速率的影响，对他们而言是陌生的，也有一定的难度。学生在此之前虽然已经初步了解了实验设计基本原则，但是真正将其应用于实验设计的机会却不多。在该活动中，如何确定因变量对应的观测指标，以及如何控制无关变量的干扰，对于学生来说具有一定的难度。

（2）学生如何解决困难。

在该 STEM 活动中有两个任务，第一个任务的自变量为小球藻的固定化及非固定化，因变量为小球藻的种群数量变化。第二个任务的自变量为光质，因变量为小球藻的光合速率。自变量的控制比较容易达成，而因变量的观察，即下可操作性定义有一定难度。

需要对小球藻的种群数量变化进行抽样检测，可以利用血球计数板进行计数，还可以利用分光光度计检测小球藻的浓度。后者的检测方法更加便捷，但是学生需要掌握分光光度计的操作技术。

对于小球藻光合速率的检测，可以测量光合作用产物的生成速率（即氧气的释放速率）作为因变量的观测指标。在测量时，既可以使用传统的集气法，还可以使用氧气传感器进行测量。

在实验操作中，为了避免无关变量的干扰，需要尽量保证所有小球藻均能接受到光照，因此，锥形瓶中的小球藻数量不宜过多而产生重叠。

（3）教师的教学处理。

在教学过程中，教师应充分认识到学生在知识结构上的不足之处，为其提供知识、技术、技能等多方面的指导和支持。将科学过程技能的培养视为教学中的重要组成部分，按照首要教学原理，呈现各技能，在课堂中应用所学技能并给予反馈，给予学生的辅导逐渐减少，直到让学生可以开展自主探究，达到融会贯通和灵活运用的目的。

在本次活动中，教师首先引导学生掌握实验设计的主要原则，进而分析实验中的变量，明确自变量、因变量、无关变量分别是什么。控制自变量、因变量对学生来说难度不算太大，但是他们往往会忽略无关变量，比如本实验中，如何保证固定化的小球藻与非固定化小球藻的实际浓度一致，如何检测培养一定时间后小球藻和藻液中小球藻的种群数量，如何抽样等，对于这些问题，教师都应及时给予必要的提示和指导。

7. STEM 活动中科学过程技能目标的教学方案

STEM 活动在科学过程技能的培养方面应该有系统性地进行整体设计和规划，在不同的活动任务中，所培养的科学过程技能各有侧重，对于同一科学过程技能来说也应该有不同的水平层次要求。因此，有必要对 STEM 活动中的不同科学过程技能目标进行独立分析，以按照任务序列直观地展示整个活动的技能目标。

接下来针对小球藻 STEM 活动提出问题和实验设计这两个重要的科学过程技能的教学方案进行分析，更好地呈现其中科学过程技能目标培养的层次性和系统性，有利于从整体上把握教学设计的合理性。

（1）提出问题技能的教学分析。

提出问题是一个复杂的思维过程，对学生知识背景和对自然现象的观察和分析能力都有一定的要求，而提出一个准确、可探究的问题实则具有较大的难度。在目标的落实过程中，新情境知识、思考时间、教师指导都是必不可少的。

学生在日常的实验过程中，包括初中阶段的实验内容，一般都会涉及提出问题这一科学过程技能，这也是《义务教育生物学课程标准（2011 年版）》中关于“科学探究”主题的一个重要内容标准要求。在实际教学中，由于时间、背景知识、教师的专业素养等多方面的原因，在课堂上难以开展较为完整的探究活动，导致这一目标的落实不到位。对于小球藻 STEM 活动而言，需要在提出问题这一技能方面进行深入的探索，具体的目标分析和教学方案如表 3-3 所示。

表 3-3 小球藻 STEM 活动中提出问题技能目标的分析

任务名称	教学环节	教师活动	学生活动	提出问题技能的任务等级
探究温度、光强、光质等环境因素对小球藻光合速率的影响	提供背景资料、激活旧知	提供有关小球藻的资料，限定研究范围为小球藻的生理作用，提示学生回忆有关光合作用等学科内容知识，以及有关提出问题的程序性知识。引导学生讨论并提出初步的研究问题	学生分组讨论，提出想要研究的问题	针对真实情境提出生物学问题，在教师的指导下，经过讨论修改形成可以探究的科学问题；可以针对特定情境（已有生物学术语表征）提出可探究的生物学问题
	技能目标的达成，技能实践与反馈	组织学生分享提出的问题，为学生提供可探究问题和不可探究问题的典型示例，对学生提出的问题给予及时反馈，组织学生思考自己提出的问题能否进行探究	学生经过讨论，互相提问，反思自己所提出的问题是否具有可行性	
	技能实践与反馈	组织学生讨论和反思，修正自己的研究问题，让研究问题范围缩小至可以研究的程度	学生通过查阅资料和小组讨论，修正自己提出的研究问题。最终确定各组的研究问题（各小组的研究问题可以不相同）	

续表

任务名称	教学环节	教师活动	学生活动	提出问题技能的任务等级
探究固定化对于小球藻产氧量的影响	提供情境和背景资料，激活旧知	本实验的研究问题与之前的实验可以结合起来，小球藻通过光合作用产生溶解氧，外界条件变化时，小球藻的生理功能也可能随之发生变化。本实验中提供新的情境，小球藻可以用来净化水质，但回收比较困难，怎样才可以使小球藻的回收再利用变得容易呢？接下来向学生介绍固定化技术，引导学生思考固定化技术是否能够用于小球藻的固定化，以及固定化的小球藻的生理活动会发展怎样的变化。引导学生在此情境下讨论提出所要研究的问题	分小组讨论：固定化之后的小球藻和未固定化的小球藻相比，小球藻的生理活动上有没有区别？	可以针对特定情境（已有生物学术语表征）提出可探究的生物学问题；针对真实情境提出清晰的、有价值的、可探究的生物学问题
	技能目标达成、技能实践和反馈	在上个任务的基础上，引导学生反思和修正自己提出的研究问题，其中涉及两个因子：固定化与非固定化，小球藻的生理作用（光合作用、呼吸作用，外在表现为产氧量）	学生通过小组讨论和查阅资料，修正自己提出的研究问题，将自变量设定为固定化与非固定化，因变量为小球藻的光合速率（可用产氧量作为观测指标）	

续表

任务名称	教学环节	教师活动	学生活动	提出问题技能的任务等级
探究固定化对小球藻种群数量的影响	激活旧知、技能目标达成	引导学生思考固定化技术对小球藻的生物生长数量有没有影响。其中有两个因子：固定化与非固定化、小球藻的数量，引导学生思考二者之间的关系	学生通过小组讨论和查阅资料，修正自己提出的研究问题。将自变量设定为固定化与非固定化，因变量为小球藻的生物数量，提出和描述研究问题	
探究南美蟛蜞菊不同器官浸提液对小球藻的化感作用	提供背景资料、激活旧知、技能目标达成	教师首先提供相关素材：小球藻、南美蟛蜞菊、化感作用，引导学生对其中的重要信息进行组合，将看似不相干的信息关联起来，然后形成初步的研究问题	学生以小组为单位，尝试分析材料，找出关键信息，并在不同信息之间建立关联，提出初步的研究问题，如“南美蟛蜞菊对小球藻有何影响？”等	针对特定情境（已有生物学术语表征）提出可探究的生物学问题；针对真实情境提出清晰的、有价值的、可探究的生命科学问题
	技能目标达成、技能实践	教师引导学生进行文献检索，进一步缩小选题，回忆可探究问题和不可探究问题的区别，形成可以探究的问题	学生通过文献检索和小组讨论，了解通过测定抑制率来衡量南美蟛蜞菊的化感作用等基本技能和方法，进一步聚焦研究问题：外来入侵植物南美蟛蜞菊对小球藻的种群数量有何影响？	

与常规的课堂实验不同，STEM 活动可以以校本课程的形式来实施，在这种情况下，学生数量相对较少，时间较为充足，教师可以让学生充分体会问题提出的过程。学生平时可能会对生活的一些现象进行观察并提出一些疑问，教师如何引导学生将其转化为可以探究的问题，甚至使其学会自己提出一个可以探究的问题，这是具有一定挑战性的教学任务。

在教学中，首先需要为学生提供足够的情境素材和背景知识，情境和背景中需要设定矛盾，向学生提出具有挑战性的学习任务。比如设计情境“小球藻能够增加水体中的溶解氧，常常作为环保材料，但投放在水体中的小球藻往往不能回收，导致浪费，我们可以采取什么样的方法来减少浪费”以引导学生思考，教科书中有类似的实验技术——酶的固定化，固定化技术可以在某种程度上达到上述目的要求。进而提出新的问题：“那么我们是否也可以这样做呢？如果我们将小球藻固定在海藻酸钠中，小球藻是否还具有相同的功能？它们的生理功能会发生怎样的变化呢？”

（2）实验设计技能的教学分析。

实验设计技能是一项综合科学过程技能，对学生的要求相对较高，主要包含识别变量、控制自变量、观察因变量、下可操作性定义、设计对照实验等一系列的技能。

在小球藻 STEM 活动中，培养学生的实验设计能力是另一个重要的技能目标。与“提出问题”技能目标类似，需要对实验设计技能在不同任务中的要求做系统性的整体设计和规划。该活动的实验设计能力目标的教学分析如表 3-4 所示。

表 3-4　小球藻 STEM 活动中实验设计技能目标的分析

任务名称	教学环节	教师活动	学生活动	实验设计技能的任务等级
探究光强、光质、温度等环境因素对小球藻光合速率的影响	激活旧知、技能目标达成，技能实践与反馈	学生在初中生物学以及高中生物学必修1《分子与细胞》模块学习过关于生物识别与控制变量、设计对照实验等实验设计的相关知识，但他们尚不能够独立地设计一个完整实验。因此教师需要给学生提供良好的和劣质的两种实验设计的示例，引导学生进行分析，然后要求学生按照自己的探究问题进行独立实验设计	学生在教师的引导下剖析教师提供的实验设计范例，理解实验设计技能的基本要领	识别待研究问题中的变量
	技能目标达成，技能实践与反馈	教师为学生提供实验设计的范例，引导学生思考如下问题：根据研究的问题和所做的假设，识别自变量和因变量分别是什么？如何操作才能调节自变量的变化？因变量对应的观测指标是什么？随着自变量的改变，因变量会发生怎样的变化？如何有条理地记录实验结果？	以小组为单位，学生模仿教师提供的实验设计范例，针对本小组提出的研究问题，按照实验设计的基本原则进行实验设计	设计合适的方法调节自变量、观察因变量、控制无关变量的干扰；根据研究目的设计对照实验

续表

任务名称	教学环节	教师活动	学生活动	实验设计技能的任务等级
探究光强、光质、温度等环境因素对小球藻光合速率的影响	技能实践和反馈	组织全体学生讨论各个组制订的实验方案是否可行，并给予必要的提示和指导，引导学生思考如何修改和完善实验方案	学生反思各自实验设计的合理性，然后按照实验方案开展研究，如果实施过程中出现问题，在教师和同伴的帮助下进一步修正和完善实验方案，接下来再按照修正后的研究方案开展研究	
探究固定化对小球藻种群数量的影响	技能目标达成，技能实践与反馈	固定化小球藻的技术和实验操作对学生来说是完全陌生的，因此这部分实验需要由教师进行设计，通过预实验摸索最佳的配方和实验步骤，以确保实验的顺利推进。教师指导学生回顾实验设计的基本原则，为学生提供和分析优秀的实验方案范例，然后指导学生根据范例开展“探究固定化对小球藻种群数量影响”的实验设计	学生在提出研究问题后，借鉴第一个任务中的实验设计思路，首先进行了模仿，设计本探究任务的实验方案。接下来，用固定化小球藻与非固定化小球藻作为实验材料，利用氧气传感器测定两种小球藻光合作用产生的氧气速率	设计合适的方法控制自变量、观察因变量、控制无关变量的干扰。根据研究目的设计实验方案
		教师引导学生回顾实验设计的重复性原则、对照原则，指导他们设计更为合理的方案，以提高实验方案的可行性	学生分组设计重复实验和对照实验	

续表

任务名称	教学环节	教师活动	学生活动	实验设计技能的任务等级
探究固定化对小球藻种群数量的影响	技能实践与反馈	在学生完成实验方案的设计后，教师组织分组汇报与全班讨论，以发展实验方案中的缺陷引导学生进行反思和修正	学生分组反思和修正实验设计，然后开展研究。如有必要，可以先进行预实验，在确保方案可行后再开展实验研究	
探究南美蟛蜞菊不同器官浸提液对小球藻的化感作用	技能实践与反馈、迁移应用	教师为学生提供有关南美蟛蜞菊的相关资料，但不提供实验设计的相关知识，在确定研究问题后直接让学生分组进行实验设计，并在小组之间进行分享和讨论	学生通过分析背景资料和研究问题，设定自变量为南美蟛蜞菊不同器官的浸提液，因变量为小球藻的生长，其观测指标为小球藻的数量。小组完成实验设计方案，与其他小组同学分享，修改和完善方案	
	技能实践与反馈	对不符合实验设计原则的实验设计进行质疑，引导学生自行反思和修改完善	学生根据教师提出的建议，进一步改进实验设计。在实验方案的实施过程中，学生还有可能会发现设计中的不足，并及时优化和完善研究方案	

8. STEM 活动的教学反思

针对小球藻 STEM 活动，主要从科学过程技能的培养目标、概念教学效果、技能目标的达成与应用、教师的专业素养等方面进行反思和说明，使得教师在具体的实施过程中创造必要的条件，为技能目标的有效达成做好充分的准备。同时，也为教师开发 STEM 活动来培养学生的科学过程技能提供借鉴。

（1）在不同活动任务中合理布局科学过程技能的培养目标。

在小球藻 STEM 活动中，所要培养的科学过程技能包括提出问题和设计实验方案，技能教学目标非常明确，在具体的活动任务中，学生能够体会通过科学探究解决问题的过程，通过教师引导、范例模仿、小组讨论、反思完善等多个环节，帮助学生在两项科学过程技能方面得到提升。

在科学过程技能目标与活动任务的对应关系方面，该活动中共有三项具体的研究任务，按照首要教学原理的核心思想，合理设置在不同活动任务中的科学过程技能要求。从整体上布局，衔接不同活动之间的相应技能目标，从而有效地提升学生的科学过程技能水平。

（2）创设情境，设计活动任务，达成提升科学过程技能和概念构建双重目标。

在小球藻 STEM 活动中，上述内容重点分析了其所能培养的科学过程技能目标，但这并不意味着可以脱离科学概念而单纯地提升技能。概念构建与技能提升这两者相辅相成，脱离了概念构建的技能提升将缺失学科基础，当然学生的概念学习也不能完全置科学过程技能的发展于不顾，例如通过科学探究、STEM 活动等多种形式的实践活动，使得概念构建与科学过程技能的提升有机地整合在一起。

在设计 STEM 活动时，教师需要以课程标准中的重要概念为基础，结合这些概念在生产和生活中的应用范围，创设问题情境，综合考虑多种主动学习的方式，选择恰当的活动任务类型，如资料分析、验证实验、模拟实验、探究实验等，践行教学重实践的课程理念，使得学生在提升科学过程技能的同时建构科学概念。

（3）科学过程技能目标的达成与迁移应用。

STEM 活动与日常实验的区别在于，实验课中既有理论讲解，也有实验操作，但是课时相对有限。STEM 活动的情境较为新颖，活动任务综合性强，难度较大，具有一定的挑战性，完成活动需要的时间相对较长。因此，仅仅依赖生物课上的时间来培养学生的科学过程技能是不够的，还需要设计校本课程、研究性学习活动等多种形式的活动作为日常教学的补充，特别是针对一些对生物学感兴趣、能力较强的学生，需要为他们提供更多的实践机会。

在常规的生物学实验教学中，由于实验内容相对较为基础，这类活动更适合培养学生的基本科学过程技能。在 STEM 活动中，学生通常需要完成较为复杂的任务，因此，可以更好地发展学生的综合科学过程技能。在培养学生的科学过程技能时，教师需要充分挖掘常规实验和 STEM 活动等具有一定难度的活动任务的潜在优势，对学生的科学过程技能培养进行合理规划。

通过 STEM 活动培养学生的科学过程技能可能花费较长的时间，但是这一过程对于学生来说是影响深远且意义重大的。对参加小球藻 STEM 活动的学生进行访谈后发现，学生在探究活动中遇到了许多困难，例如不容易测定溶解氧、不易确定传感器的位置、小球藻的制备不易均匀、溶解小球藻的时间过长等，学生能够意识到真正的科学研究是严谨且充满挑战的，对于变量的控制、因变量的观察与测量需要借助仪器和设备来完成，而且实验设计也会直接影响实验结果。

在实验设计环节，如果没有足够的技术支持，如何针对因变量下可操作性定义对于学生来说是一个难题，实验过程中也难以进行定量研究。若要学生完成实验设计，教师需要为他们提供充分的背景知识和技术支持，例如关于小球藻和南美蟛蜞菊的资料、关于使用传感器测定溶氧量的技术等。在检验实验方案的可行性时，一方面可以通过小组内讨论、全班讨论等途径发现不足之处，然后进行完善；另一方面，还可以通过学生的预实验，或者在实验过程中发现问题和不足，然后再进行修改和完善，从而确保实验设计的可行性。因此，研究方案的可行性和可操作性是顺利开展探究的基础所在，同时也是检验学生的实验设计合理性的手段。

（4）提升教师的专业素养，开发 STEM 活动，为提升学生的科学过程技能提供更多的途径。

通过 STEM 活动培养学生的科学过程技能，首先需要教师设计与开发相应的活动。STEM 活动的来源有三种：第一种是教师依据生物学课程自行开发活动；第二种是使用他人开发的现成的活动；第三种是根据生物学课程的要求，对已有的活动进行改造。其中第二种来源难度最小，第一种来源对教师的要求最高，难度最大。无论通过哪种途径获得 STEM 活动，都需要教师根据生物学常规教学，选择特定的教学内容主题，开发 STEM 活动，而且需要对所开发的 STEM 活动进行整体规划，既不能将常规课程教学简单地列为 STEM 活动，也不能额外增加学生的学业负担。这些要求对于教师来说，都具有一定的挑战性。由此可以看出，教师的专业素养在这方面起着至关重要的作用。

教师对于生物学课程、科学本质、科学探究、科学概念、学习的发生过程等方面的理解都直接影响到其所开发的 STEM 活动质量。如果教师具有较强的教学开发和教学执行能力，则可以取得较好的教学效果。教师可以通过职前教育、在职培训、自主学习等多种途径提升个人的专业素养。职前教育和在职培训对所有教师的影响类似，但自主学习在某种程度上决定了教师的专业发展程度。小球藻案例的开发者在硕士毕业后就开展了实验方面的研究、资源开发和教学尝试，通过与同行交流和研讨以及多次的教学尝试，不断反思和改进，最终形成了较为成熟的培养学生科学过程技能的 STEM 案例。在这一过程中，一方面教师为教学开发了良好的辅助资源，另一方面其教育教学研究能力也得到了提升，促进了其专业发展进程。

三、通过科技创新活动培养学生的科学过程技能

教育工作既要满足学生发展的个人需要，又要为社会和国家培养合格的公民和优秀的人才。在这一过程中，教育工作者需要不断开拓学生的视野，提供多种学习机会。在人们解决实际问题的过程中，都离不开各种知识的协同运用、思维的碰撞。随着技术的不断革新，科技教育的育人功能

越来越重要。2018 年 1 月教育部颁布的新课程方案中明确提出要加强“科技教育”，因此，将技术融合到生物学教学中，既顺应了时代发展的方向，又能为育人价值的实现提供一个重要的途径。

在普通高中生物学选择性必修 3《生物技术与工程》中，包含传统发酵技术、微生物培养、组织培养、基因工程等内容，可以帮助学生综合运用生物学知识和工程技术解决问题，从而发展科学过程技能。

在校外科技教育方面，学有余力的学生还可以参与一些科技活动或科技竞赛，如“翱翔计划”“小科学家”等科技创新活动，还可以进入大学等科研院所的实验室中，在指导教师的帮助下开展真实的科学研究，在此过程中，在获得科学知识和发展科学过程技能的同时，还能深入地理解科学的本质，真正提升其科学素养。例如，学生在开展项目研究的过程中，需要学习新的生物学知识、生物技术，不断地将科学过程技能应用于问题解决，不断地进行假设、设计、实施、反馈、假设……学生在真实研究中，习得、应用、强化和巩固科学过程技能。

下面以北京市某高中高一学生参加“翱翔计划”的课题“嗜热菌 Thermus thermophilus HB8 铁硫簇合成途径中 SUF-U 蛋白的表达、纯化及功能初步研究”为例，简要说明如何在科技创新活动中培养学生的科学过程技能。

1. 课题背景

铁硫簇是一种古老的氧化还原中心，它普遍存在于所有生命体内，在光合作用、呼吸作用和固氮作用这三个基本代谢途径中扮演着重要的角色。因此，关于铁硫簇的研究具有重要的价值。Thermus thermophilus HB8（以下简称 HB8）是一种嗜热菌，在课题研究中，以该嗜热菌为实验材料，针对其铁硫簇合成途径中 SUF-U 蛋白的表达、纯化及功能开展初步研究。

2. 课题的主要内容

在该课题的研究过程中，学生在导师的指导下查阅资料，确定研究课题，明确研究任务，开展实验探索，最终完成研究报告和展示。由此可以看出，学生在完成这一完整的科学探究任务时，他们需要综合运用提出问题、观察和测量等基本科学过程技能，以及变量控制、实施实验等综合过程技能。因此，学生的各项科学过程技能会在真实的科学研究中得到提升和进步。

研究过程主要包括 5 个环节：①展示背景知识，提供必要的资料，让学生提出几个较为合理的研究问题。②学生与教师进行讨论，选择一个适合学生认知水平的问题。③导师指导学生查阅文献，同时为学生提供支持性的关键文献，指导学生尝试进行实验设计。在这个环节，教师要为学生提供技术支持、背景知识等必要的支持，同时指导学生不断修正和完善研究计划。④学习可能涉及的仪器的使用方法和技术知识。⑤实施实验方案，收集数据，回答问题。

在项目的开始，学生查阅了相关资料（主要资料由导师提供）后，提出了三个问题：①由于 HB8 中含有不同种类、不同功能的蛋白质，那么 SUF-U 与嗜热菌 HB8 中其他的蛋白会有怎样的相互作用？②铁硫簇的生物合成具有多样性特点，那么 SUF-U 与其他铁硫簇相关蛋白会有怎样的相互作用？③在 SUF 系统中 SUF BCD 和 SUF SE 都能够以复合体的形式存在，那么 SUF-U 是否会和 SUF-A 间存在某些相互作用［化学键连接（化学反应）/ 相互作用力（物理反应）］，使这两个蛋白质相互靠近最终以复合体 SUF-AU 的形式存在？学生在与导师进行充分的交流后，确定课题方向：尝试构建 SUF-AU 复合体。

在提取 SUF-U 蛋白的过程中，学生需要学习很多高中阶段从未接触过的生物学实验技术，例如 DNA 的提取、琼脂糖凝胶电泳分析、目的基因片段的回收、基因载体双酶切技术、构建表达载体。在将基因转入菌株后进行表达的环节，学生需要完成一系列的任务，如用 $CaCl_2$ 制备感受态细胞，连接产物热击转化大肠杆菌感受态细胞，质粒提取，变性 SDS-PAGE 分析目的蛋白大小比对等。

3. 科技活动中科学过程技能培养的反思

在科技活动或研究性学习等活动中，由于课题任务比较复杂，超出了大部分学生的能力范围，因此，只有少数对生物学非常感兴趣且有志向将来从事生物学研究的同学参与这类活动。在这种情况下，科学知识基础、课题研究的方向，以及实验技术的支持，是成功开展这类活动的关键点。

（1）为学生提供开展课题研究所必需的科学知识。

对于科技活动或研究性学习的课题，往往涉及大学的知识，对于中学生来说已经远远超出了他们已有的知识范围。所以课题往往难度较大，学生理解起来有一定的困难。为了解决这一问题，教师需要为学生提供必要的背景知识，引导他们将这些知识与其已有知识或经验建立关联，为课题研究提供知识支持。此外，课题研究通常涉及多个学科的知识，由于学生的学习能力有限，加上知识储备不足，所以他们在开展课题研究的过程中，需要指导教师为其提供足够的知识或素材，以及获取知识的途径。

（2）确定课题方向和研究问题是科学研究的关键。

一个可研究的科学问题，是进行真实科学研究的关键环节。由于日常学习中的实验活动，大多数情况下都是针对给定问题的研究，对于提出问题这一技能的训练是不足的，这在某种程度上会限制学生的想象力以及对学科的学习兴趣。学生在科技活动或研究性学习中，针对某个研究领域，结合指导教师提供的文献资料，需要反复查阅资料，提出几个可能的研究方向，在与导师进行反复的沟通和交流后，论证课题的价值和可行性。

即使经历了确定选题的过程，学生依然可能在进行实验中遇到诸多困难，无法继续推进，需要修改研究问题，或者推翻研究方案重新进行实验设计。甚至也有在实验完成后，出现结果不够理想、实验结果与预期相差甚远、难以完成课题研究的情况。

由此可以看出，课题研究方向和研究问题是非常重要的，一方面需要指导教师在关键环节上的指导和帮助，另一方面需要结合课题研究的进展，及时反思，在必要的时候调整研究问题。在体验真实自然科学研究的过程中，失败是经常发生的，需要不断尝试和重复实验才可能获得结果，这一过程是非常艰辛和漫长的，因此，学生也能够真正理解科学的本质。

（3）实验技术和设备是拓展创新的重要保障条件之一。

在科技创新过程中，学生可以学习学校生物学课程中未涉及的实验仪器和设备等内容，有机会学习使用原理并动手操作。这些实验仪器和设备，尤其是较为精密的高端仪器和设备，对课题研究中处理实验材料、记录和分析实验数据起到重要的支撑作用。正是这些技术和设备的支撑，能够使得学生的很多创新性的想法得到实现，这在某种程度上也提高了课题研究的质量，有可能催生新的研究成果。经过这一系列的研究，学生的动手操作能力、开展课题研究的相关能力都得到增强，学生的多项科学过程技能能够得到整体性的提升和精熟，为其将来的科学研究奠定了基础，从而帮助他们树立科研信心，埋下了科学研究的种子。

第四章

科学过程技能的评价

在教学中，科学过程技能的评价是检验教学效果的一个重要途径。在评价工作中，需要确定科学过程技能的评价指标体系，研制细目表（或测验蓝图），再根据具体技能的特点和要求命制题目，最后根据评价结果，分析学生的科学过程技能水平，为改进教师的教学和学生的学习提供依据。

第一节 科学过程技能的评价指标体系

科学过程技能评价的首要工作是确定评价指标体系，该过程需要遵循科学和规范的程序，对科学过程技能的构成要素进行逐级分解，并用行为动词描述具体的考查指标。如此，一方面可以保证评价指标体系的科学性，另一方面使得具体指标具有较强的可测性。

一、研制科学过程技能评价指标体系的程序

要评价学生的生物学过程技能，首先需要构建一个评价指标体系，这样才能为评价工作设定相应的依据。可以分为三个主要步骤。

步骤一：在相关文献研究的基础上，结合我国科学学科课程标准，以及《义务教育生物学课程标准（2011 年版）》和《普通高中生物学课程标准（2017 年版 2020 年修订）》中关于科学过程技能的要求，确定一级评价指标（分析单元层），即确定生物学科学过程技能所包含的具体技能要素。

步骤二：将一级指标进一步分解为可测的二级指标（行为层），在表述上，采用课程标准中的描述方法，使用目标行为动词描述学生在每个具体一级指标上的行为表现。

根据上面的两个步骤即可构建出评价指标体系框架，如图 4-1 表示。

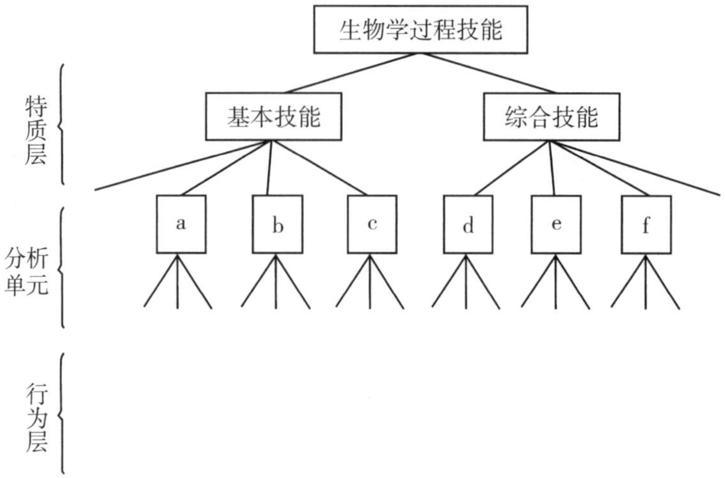

图 4-1 生物学过程技能评价指标体系框架

步骤三：修正评价指标体系。在这一过程中，主要采用了两种研究方法。第一是专家访谈法，根据专家的建议，对评价指标体系进行第一轮修改和完善。第二是问卷调查法，对教育专家和一线教师进行问卷调查，根据调查结果，对评价指标体系再做进一步的修正和完善。

二、确定一级评价指标

要构建生物学过程技能评价指标体系，需要明确生物学过程技能包括哪些技能，即一级评价指标。这是进行有效评价的第一项工作。主要通过两个方面的研究确定一级评价——指标一个方面是相关的理论研究，另一方面是相关课程文件的分析研究。

目前，在科学过程技能研究领域中，采用较多的是帕迪拉（Padilla）提出的分类体系，他将科学过程技能分为两种类型：基本技能（观察、推理、测量、交流、分类和预测）和综合技能（控制变量、下可操作性定义、形成假设、解释数据、进行实验和构建模型）。为此，可以在此基础上确定生物学过程技能的构成要素。

目前，世界各国都非常重视学生的技能培养，在科学课程中，尤其强调培养学生的科学过程技能。这一点从各国教育行政部门颁布的课程文件和一些权威机构设计的课程可以看出。其中都包含了对科学过程技能的描述。

根据本书第一章中第一节和第二节的内容，关于科学过程技能的要素分析，以及不同国家科学相关课程文件中关于科学过程技能的要求，确定11项一级评价指标，即观察、分类、测量、预测、识别和控制变量、推理、做出假设、实验、解释数据、提出问题、建立模型。

三、二级评价指标的构建

生物学过程技能的一级评价指标为评价工作设定了相应的评价框架。但是，为了加强这些一级指标的可测性，需要将其进一步分解成为可测的二级指标，这些二级指标要能反映出学生的具体行为表现。行为是受思想支配而表现在外面的活动。采用目标行为动词来描述学生在每项过程技能方面的具体行为表现。因此，“行为”一词是指学生在学习科学的过程中，在接受过程技能的训练或培养之后，他们的行为表现所发生的变化。“行为动词”则是用于描述学生具体行为变化的动词，如“说出”“描述”“阐明”“分析”等。

1. 观察

观察是我们每个人一生当中都要进行的活动，有人认为这一技能人人都可以掌握，根本不需要在学校教育中专门教授给学生，如果说有必要增强一个人的观察能力，就让他们在生活中多加锻炼即可，没必要在课堂上有限的时间内进行训练。但是，关键问题是科学观察的特别之处是什么。这里所谈到的观察并不等同于我们在日常生活中的观看。

观察搭起哲学和心理学两个研究领域的桥梁。从哲学层面上看，人们普遍认为观察与理论之间没有必然的联系，是相互独立的，即我们所看到的现象或事物在某种程度上与我们所持有的理论是相互独立的。但这并不意味着对观察结果的解释与理论无关，这一点非常重要。我们身边的世界如此丰富多彩，这意味着如果不用理论来指导观察的话，我们难以从中衍生出有价值的知识。理论可以指导在某一特定环境下我们期望的观察结果是什么，以及我们要观察事物的哪些特征等。

实际上，在那些以精确观察为主的课堂上，我们所要培养的不是学生的观察能力，而是其科学观察能力，例如，科学家从一个事物的有价值的角度去看待它，我们就可以帮助学生用科学家的眼光看待问题。要进行观察，仅通过肉眼是不够的，我们可以通过多种感官的综合使用来辅助观察，包括通过其他感官和凭借仪器设备两方面的辅助观察。

要进行研究必须先占有资料，而要获得可靠的资料就需要观察。不进行观察或缺乏观察技能，就不能获得有价值的科学事实。在科学研究活动中，科学家必须亲自动手做直接的观察，以便取得第一手资料。俄国生理学家巴甫洛夫十分重视观察在科学研究中的作用，写下了“观察、观察、再观察”的座右铭。

有效科学观察应该包含计划、感官、测量、变化、问题、交流等要素（见表 4-1）。

表 4-1 观察技能的构成要素及内涵

要素	具体描述
计划	用观察计划指导观察过程，以免遗漏重要的内容，或做不必要的重复工作
感官	在收集更多的具体信息时，使用所有适当的感官，以及延伸感官的工具，如显微镜等
测量	如果有必要，应该测量一些重要的变量，以对定性观察进行补充
变化	对自己感兴趣的物体或系统的自然变化进行观察；在适当的时候变更系统的某一条件，并观察产生的相应变化
问题	观察时要充满好奇心，并保持开放的思维；注意留心异常之处；提出问题，引导新的观察和新信息
交流	使用口头描述、图表，以及其他恰当的方式清晰地汇报观察结果

根据以上分析，可以将“观察”这一指标进一步分解以形成可测的行为目标，并用行为动词进行描述，其相应的二级评价指标如表 4-2 所示。

表 4-2　“观察”的二级评价指标

一级指标	二级指标
a. 观察	a-1. 观察物体（或现象）随时间和位置的变化而发生的动态变化
	a-2. 进行有目的、有计划的观察
	a-3. 抓住物体（或现象）的突出特征进行观察
	a-4. 有顺序地进行观察，如由表及里、由上而下等顺序
	a-5. 运用科学术语对观察结果做出客观、准确的描述
	a-6. 运用适当的格式对观察结果做出条理清晰的记录

2. 分类

分类是思维的基本过程之一，它是指在思想上根据对象的共同点和差异点，把它们区分为不同的心智操作。[1] 这是将观察到的事物加以整理的过程，分类后有利于做进一步的科学观察。科学家为了使调查研究条理化，创造了多种分类的方法。可以说，早期的生物学实际上就是在分类的基础上形成的。

比较是分类的基础，通过比较，了解事物之间的异同点。差异点成为分门别类的重要根据，而相同点（或相似点）则是合并种类的根据。分类必须有一定的标准，即必须根据对象的某种特定属性和关系进行分类。由于各种事物都有多重属性，也具有多种联系，因而，分类标准是不固定的，同其属性和关系一样，也是多方面的。此外，由于思维发展水平和知识经验的不同，人们对分类标准的掌握也存在着差异。对于生物学来讲，学生应初步学会利用简单的检索表检索出未知的生物。在学生的分类技能达到一定水平后，他们还应能够编制简单的检索表，利用生物的一种或多种特征对一组给定的生物进行合理的分类。

根据以上分析，确定的“分类”二级评价指标如表 4-3 所示。

[1] 黄希庭 . 心理学导论［M］. 北京：人民教育出版社，1991：443.

表 4-3 “分类”的二级评价指标

一级指标	二级指标
b. 分类	b-1. 运用比较的方法分辨生物体的特征 b-2. 运用多个特征区分不同的生物体或结构 b-3. 知道由于分类依据不同，对物体分类的结果也会不同 b-4. 根据相应的科学概念，确定物体分类的依据 b-5. 根据给定的分类依据对物体进行分类 b-6. 根据给定的一组或几组生物（或生物体结构），找出其分类依据 b-7. 利用简单的检索表检索出未知生物 b-8. 编制简单的检索表，对一组给定的物体进行合理的分类

3. 测量

测量是科学研究的一个主要过程。物体或系统的许多变化都可以被测量出来。变化的测量是研究自然界的一个重要组成部分。精确的测量不仅可以有助于对变化进行描述，同时，它还可以提高预测和解释的质量。测量是一种定量化的研究手段，它可以更加丰富，如运用尺子、天平、温度计、量杯等有助于获取准确的研究资料，复杂的测量涉及高度精密的仪器，需要对仪器的误差加以计量和校正。对于测量这一过程技能，学生应该理解：

（1）如何使用各种测量工具；

（2）标准计量单位的意义和使用；

（3）在读取温度计、刻度尺和其他测量工具时，如何在两个数字之间估算一个数字；

（4）在适当的情况下，如何使用小数来表示测量结果；

（5）如何估算测量值，以及哪些情况适于估算。

因此，学生应该有更多的机会使用各种常用测量工具，如米尺、刻度尺、温度计、天平、弹簧秤、各种计时器、量筒、量杯和其他计量工具。根据以上分析，可以确定“测量”的二级评价指标（表 4-4）。

表 4-4　“测量”的二级评价指标

一级指标	二级指标
c. 测量	c-1. 正确使用放大镜、直尺、天平等常用测量工具 c-2. 能够在不同场合选择恰当的测量工具进行测量 c-3. 了解估计值、平均值和误差值的含义 c-4. 认识到任何测量都有局限性，它只能达到某一精确程度，与实际值更为接近

4. 预测

为了保证科学理论的有效性，必须不断地解释说明观察结果。仅适用于以往的观察结果还不行，科学理论还必须具有预测的效力。预测是根据数据模型中的知识，对可能的结果做出的预先设想。它由三个要素构成：已有科学知识（prior scientific knowledge）、预报（forecast）和可能的结果（possible outcome）。

预测和推理在逻辑上有一定的相似性，但这两者还有一些明显的不同——预测是对尚未发生的事情进行估计，而推理则是对已发生事情进行解释（见图 4-2）。

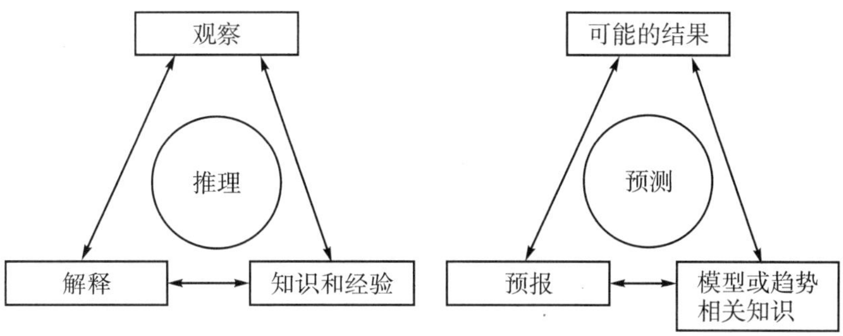

图 4-2　推理和预测这两个科学过程的比较

如果将测量数据做成表格或图形以展示出一种趋势，那么预测的精准度将会得到很大的提高，因为这些表格或图形为预测提供未测量的数据点。

一些基本的科学过程，例如观察、测量、推理和预测是科学调查研究工作最基本的工具。科学远不只是对所观察到的现象进行说明，提出猜想或预言，也是科学家工作的重要组成部分。他们常提出“如果……又会怎样？”这样的问题来提出猜想、设计研究思路，使心中怀着某种观念去观察或进行检验。

根据以上分析，确定“预测”的二级评价指标（见表 4-5）。

表 4-5　“预测”的二级评价指标

一级指标	二级指标
d. 预测	d-1. 根据已有知识或理论进行较为严密的逻辑推理，以预测可能发生的情况 d-2. 当预测不正确时，能够对原有预测进行反思和修正

5. 识别和控制变量

在进行科学研究时，为了研究事件的变化情况，首先需要确定哪些因素会对事件的变化产生影响，这些因素也就是与事件有关的变量，因此，变量是指实验中可以变化的因子。它是物体或事件的一个属性，能够变化，并且存在不同的数量或形态。例如，儿童的身高和体重、一支蜡烛的燃烧时间、一天的降雨量等，这些都是变量的具体例子。

影响同一事件的诸多变量之间存在错综复杂的关系，它们相互影响和制约，并不是相互独立的。这些变量又会根据研究的性质分为自变量、因变量和无关变量。自变量是人为改变的变量，一般每项研究只有一个自变量。因变量是随自变量的变化而改变的变量。在研究中，除了自变量可以改变之外，其他变量都需要控制不变，这些变量称为无关变量。

变量的识别是科学研究工作中的一个重要组成部分，为此，科学教育也给予了相当程度的重视。我国的高中生物课程标准就明确提出“发展学生的探究能力，要初步学会确认变量”。

控制变量的技能在科学研究中至关重要，它关系到实验能否成功，能否真正揭示事物的因果关系。它包括两个方面：一是抓住要观察的对象，将其突显出来，以便集中观察；二是减少或根本排除干扰因素，以便发现因果联系。通过有意、精确地控制环境条件，可以获得证据。

根据中学生的实际水平，参考国内外相关的研究和课程文件，确定“识别和控制变量”的二级评价指标（见表4-6）。

表4-6 “识别和控制变量”的二级评价指标

一级指标	二级指标
e. 识别和控制变量	e-1. 知道有多种因素会影响同一事件，且这些因素有主次之分 e-2. 认识到变量之间有时会相互影响 e-3. 知道一组实验只能研究一个变量，控制其他变量才能观测到自变量对事物的影响 e-4. 能够从给定的完整研究方案和结果中识别自变量、因变量和无关变量 e-5. 能够根据研究目的设计对照实验

6. 推理

观察是描述通过感官直接获得的信息，而推理则是对这些观察结果的解释，就是根据已有经验和知识解释观察结果的过程。它包括三个相互影响的要素：观察、已有知识和经验、解释。进行推理时，我们用已有的经验和知识填补已观察到的现象同信息之间的空白。

我们经常可以看到装有冰水的杯子外壁上会有水珠形成。请推理一下这些水珠是从哪里来的。要回答这一问题，如果具备适当的已有经验和科学知识，那么你就会推理出这些水珠来自杯子周围空气中的水蒸气。与此形成对比的是，未具备该知识的学生会认为这些水珠是由于杯子内的水沿着杯壁逐渐渗出的结果。科学中的推理需要用进一步的调查研究进行核实。在这两种推理中，你应帮助学生选择恰当的研究来验证他们的推理是否正确。例如，引导学生向杯内的水中加入红墨水，然后引导他们观察杯子外壁上的水是透明的，而不是红色的。

为了形成一个推理，通常需要具备一些已有经验和知识。对自然界现象进行推理，所用到的知识必须包含互相联系、动态的观点，而不是互相孤立、静态的观点。例如，如果要正确地推理出杯子外壁上的水珠来自其周围空气，那么下面的事实、概念和原理是必不可少的：空气通常含有水蒸气；水蒸气是从水中蒸发出来的；在冰点温度下，带有水分的热空气就会冷却下来，空气中的水蒸气在温度低的物体表面凝结。简而言之，当潮湿的热空气遇到温度低的物体表面时就会发生冷凝。

如果学生要使用这些有关水的观点进行推理，那么这些观点必须是互相联系的（见图4-3）。在这一过程中，学生应形成组织有序、有意义、灵活、有价值的知识。构建有关某一现象的知识（例如：凝结）的一个途径就是分析许多相似的日常生活经验。

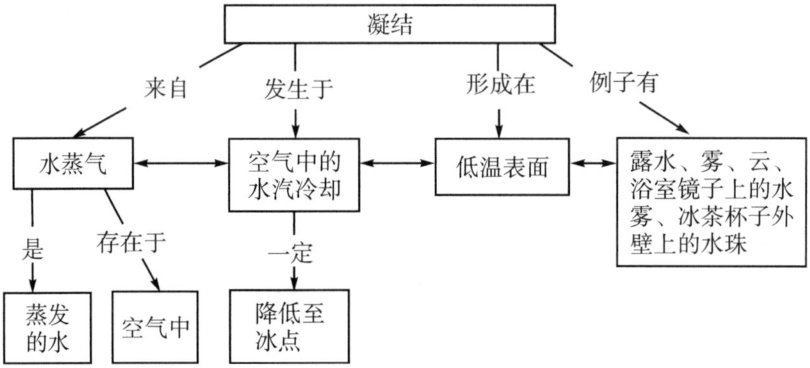

图4-3　构建“凝结”概念的推理过程

在形成有关凝结的知识时，还可以引导学生发现现象的相似之处，学会提出问题，并对以下信息做出推理：冬天的云、雾、露水、飞机水汽尾迹、眼镜片上的水雾，以及洗过热水澡以后浴室内镜子上的水雾等。这是另一种猜测，是对观察到的现象做解释、思考和逻辑分析。推理能产生某种结果，它有时比观察本身更为有用。科学便是在不断推理和验证中向前发展的。

根据以上分析，确定“推理”的二级评价指标如表4-7。

表4-7　“推理”的二级评价指标

一级指标	二级指标
f. 推理	f-1. 能够依据准确的定性或定量观察、已有的知识和经验进行推理
	f-2. 能根据同样的观察结果做出符合逻辑的不同推理
	f-3. 能够对推理进行评估，以确定还需要哪些信息才能使推理正确
	f-4. 能够对原有的推理进行修正或推翻

7. 做出假设

科学研究的一项核心内容就是形成并检验假设。假设就是对可以通过研究而发现的一种可能的因果关系的描述。假设可以引导科学家利用已有的数据去关注还需要哪些数据，以及如何解释研究所获得的数据。

为了显示假设的价值所在，必须建议哪些证据会支持它，哪些则会反驳它。常用的表述形式为“如果自变量越大，那么因变量就越大（或越小）”。例如，在研究水温对糖块溶解时间影响的研究中，学生可能做出的假设是：如果水温越高，那么糖块溶解的速度越快。为了检验这一假设，学生首先需要设计实验，设定不同的温度梯度（如 5℃、15℃、25℃等）。然后，再测量在每一个温度下糖块完全溶解所需的时间。最后，所测得的数据用来检验其是否支持最初的假设。

假设是对所要研究的问题提出暂时性的回答，借这种回答以考察观察所得的结果，以便能直接地、清楚地判断观察结果是否支持原有的理论。事实上，假设是一种更高级的猜测，即系统性的、有理论依据的猜测。

在科学教育中，应该让学生知道做出假设的重要性，做假设的能力并不是可有可无的。同时，做假设的过程是有依据的，要依赖于已有知识或经验，不能凭空猜测，这一点非常重要。在课堂教学中，有些教师就容易忽略这一点，因此，给学生造成的印象就是“做出假设只是一个形式”。

根据以上分析，将“做出假设”分解成如下三项二级评价指标。

表 4-8　“做出假设”的二级评价指标

一级指标	二级指标
g. 做出假设	g-1. 根据已有知识或直接经验对所要研究的问题做出常识性解释
	g-2. 做出的假设应与研究的问题一致
	g-3. 评价给定假设的合理性

8. 实验

实验事实上是一种人为的观察，所以有人说观察是被动的实验，实验是主动的观察。在 17 世纪伽利略发明这一方法之前，科学进展十分缓慢，举步维艰，随着实验法的产生和完善，科学研究日新月异，故有“科学是实验的科学”之说。也可以说，一个科学家的实验能力的大小，是其研究水平的一个重要标志。

由于生物学学科是一门实验性很强的学科，因此要求学生具备一定的实验能力。学生要模拟科学家的研究进行实验，首先就需要他们能够根据自己的研究目的，选择恰当的实验材料和用具，这也是最基本的要求。更进一步的要求是他们要会设计实验，这是非常难的一个环节，也是最重要的一个环节。只有设计的实验方案比较科学，逻辑严密、合理，才能保证最后得出的结果是可信的。在这一过程中，对照实验则是重中之重。要设计对照实验，学生就要运用到前面讨论到的“识别和控制变量”这一技能。此外，还要求学生能够根据既定的实验方案完成相应的实验操作。这也就是目前许多生物学实验课上“菜谱式”的实验形式。

根据以上分析，“实验”技能主要包括表 4-9 中四项二级指标。

表 4-9 “实验”的二级评价指标

一级指标	二级指标
h. 实验	h-1. 根据研究目的选择恰当的材料和用具进行实验 h-2. 设计对照实验 h-3. 设计重复实验 h-4. 按照特定程序完成对实验对象的具体操作

9. 解释数据

数据本身并没有意义，重要的是将其放在特定的情境中，从数据中得到启示。解释数据的目的在于进一步产生推理、预测及假设，进而寻求所研究的问题的答案。对于解释数据来讲，包括两个方面的含义。一个是数据与图表之间的相互转换，即数据呈现方式上的不同形式，这是相对较低的能力要求。二是根据这些数据和图表所呈现的变化趋势挖掘其内部的规律，并寻求其原因所在，这就要求学生运用高阶思维技能。因此，解释数据是反映学生形象思维和抽象思维相互转化的一个重要途径。

根据以上分析，可以确定“解释数据”的二级评价指标，如表 4-10 所示。

表 4-10　“解释数据”的二级评价指标

一级指标	二级指标
i. 解释数据	i-1. 对数据进行归类、排序、计算差和与平均值等整理 i-2. 运用图、表、文字叙述等多种方式准确、真实、客观地描述数据之间的关系 i-3. 找出图表中所呈现出的变化趋势 i-4. 根据已有知识解释这种变化趋势产生的可能原因 i-5. 根据图表中所呈现出的趋势进行相关推理

10. 提出问题

问题可以培养学生对科学的兴趣，并引导他们进行观察和研究。学生发现并提出问题是探究学习中不可或缺的一个重要环节，也是探究学习的前提基础。因此，善于从日常生活现象的观察中发现并提出问题非常重要，只有有了明确、具体的探究问题，才能使探究过程具有明确的方向。另外，研究的问题最好是由学生亲自提出来的，因为那些由他们自己提出的问题才是他们最想研究并获得答案的问题，他们的探索欲望自然也就越强。一个科学的问题应该以自然界中的事物、事件等为中心，并与相关的核心科学概念建立起联系。这些问题通常会引导我们进行实证研究，并收集和利用资料，对科学现象进行解释。

有了想要研究的问题，应该将其准确地表述出来，这不仅可以明确研究的方向，同时也是一个重要的表达交流方式，使他人根据描述就能够清楚具体要研究什么内容。

根据以上分析，从发现问题和表述问题两个方面对“提出问题”这一技能进行了分解，见表 4-11。

表 4-11　“提出问题”的二级评价指标

一级指标	二级指标
j. 提出问题	j-1. 通过观察或根据生物学现象提出可以研究的问题 j-2. 准确地表述所要研究的问题

11. 建立模型

事物的模型是对事物的简化模拟。模型是用来显示复杂事物或过程的表现手段。[1]一个模型既可以是一个装置、一个计划、一份草图、一个等式、一个计算机程序，也可以是一种想象。常见的模型包括物理模型、数学模型和概念模型。

物理模型是最为常见的一种模型，表示一个真实的装置或一个真实的过程。既可以根据时间比例，也可以按照物体的体积和材料比例制作，物理模型具有较高仿真度，有助于学生对物体原型的理解。

揭示不熟悉事物的含义的方法就是将它们同某些熟悉的事物联系起来，也就是使用隐喻和类推。这也是一种建立模型的方式，即概念模型。例如，细胞（cell）之所以得名，是因为细胞在植物中的排列形式是一些小格子状的结构，类似于房间的排列。这就是建立概念模型的一个例子。

建立数学模型的基本思路是在系统中为人们感兴趣的某些特性寻找对应的数学关系式。这个系统可以是一种抽象的现象，也可以是一种物理现象或生物学现象。数学模型可能包括一系列规则或指令，通过这些规则或指令的操作，可以了解到事物的变化规律。

无论何种模型，都有其一定的局限性，在解释相应的事物或现象时都会受到某些因素的制约，因此，它只能从某种程度上反映事物本身的特性，而不能完全与实际物体等同。

模型在中学的理科教育中应用较为广泛，其中以物理学科应用最多，在生物学学科中也有较高使用频率。学生应对模型的含义和在研究中的作用有初步的了解。

表 4-12 “建立模型”的二级评价指标

一级指标	二级指标
k. 建立模型	k-1. 知道根据同一生物学现象，可以建立不同的模型
	k-2. 知道任何一种模型都有局限性
	k-3. 根据生物学现象建立模型，并提出合理的解释
	k-4. 评价针对某一模型的合理性

[1] 帕迪利亚 . 科学探索者·从细菌到植物［M］. 廖苏梅，蒋婷，译 . 杭州：浙江教育出版社，2002：183.

根据以上讨论和分析，对各项一级指标进行了分解和细化，并最终确定了所有技能的二级评价指标。各二级指标的数目统计如表 4-13 所示。

表 4-13　生物学过程技能二级评价指标条目数量统计表

一级指标	二级指标数目
a. 观察	6
b. 分类	8
c. 测量	4
d. 预测	2
e. 识别和控制变量	5
f. 推理	4
g. 做出假设	3
h. 实验	4
i. 解释数据	5
j. 提出问题	2
k. 建立模型	4
总计	47

第二节　科学过程技能的评价工具开发

科学过程技能评价工具的开发需要根据评价目标编制命题细目表，即测验蓝图，这是命题工作的重要依据。然后依据细目表的要求，选择恰当的题型，根据不同题型的编制要求，命制相应的题目。

一、编制评价细目表

制作测验命题细目表，是命题工作的一个重要环节。命题细目表是测验编制的蓝图和命题的依据。它可以为测验的前期准备工作提供指导原则，并限定所要考查的内容（包括知识和技能）。在通常情况下，评价细目表是一个二维表格，一个维度是所要考查的具体知识，另一个维度则是考查目标（能力或技能），即在认知行为上所要达到的不同水平。在知识和内容交叉的单元格内填写数字，该数字表示该知识在特定能力维度上的题目数量或所占分值的比例。有了评价细目表，可以使命题工作避免盲目性而具有计划性；使命题者明确测验的目标，把握试题的比例与分量，提高命题的效率和质量。同时，它对于审查试题的效度也有重要的指导意义。

在编制生物学过程技能评价细目表时，该细目表与常规的双向细目表不同，它只有一个维度且是单向的，也就是说只着重考查学生所能达到的过程技能水平，而不受特定生物学知识的直接限制。但是，这并不意味着完全脱离生物学知识去考查学生的过程技能。从总体上看，该评价中所涉及的生物学知识都是《全日制义务教育生物课程标准》和《普通高中生物学课程标准（2017 年版 2020 年修订）》中所规定的内容，与学生使用何种版本的生物学教科书无关。因此，从这一点上来讲，需要用目标行为动词对这些过程技能做进一步的具体描述，这样才能使得过程技能具有可测性，即把各一级评价指标（分析单元层）分解为可以考查的具体行为（行为层）。这项工作已经在构建评价指标体系部分完成。

雅各布森（Wayne Jacobson）认为科学的发展是建立在两个假设的基础之上：第一，世间万物都可以运用逻辑合理的方式进行阐释；第二，对于某一观点的检验就是一种实证研究，通过将该观点运用于实际情况中，可以看出它是否与收集到的证据一致。图 4-4 就是一个科学发展的示意图。纵向表示科学研究所涉及的过程技能，如观察、分类、预测等，而横向则表示通过这些过程技能的运用而概括和总结得出的科学知识。

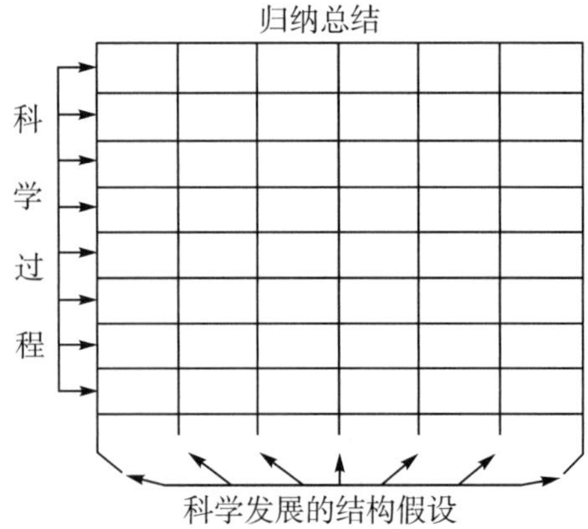

图 4-4　科学的发展假设图

根据这一观点，可以看出上述建立评价细目表的方法是完全可行的。评价细目表样例如表 4-14 所示。

表 4-14 命题双向细目表（题目数量）样例

技能序号		a	b	c	d	e	f	g	h	i	j	k	总计
分值	初中												
	高中												

二、题型的选择

在确定了具体的评价指标和评价细目表之后，就可以进行命制评价题目了。首先是根据评价目的，选择恰当的题型。

与选择题相比，主观题更能考查出学生对知识的理解和对技能的掌握情况。但是由于其开放度较大，学生的作答情况多种多样，所以评分工作有一定的难度。为此，主观题的信度受到一定的质疑。选择题是测验中使用频率最高的题型。它可以广泛地适用于各种不同的内容领域，能够考查学生的记忆、复杂的技能和高阶思维过程。但是，这种题型也受到一定的批评，批评者认为选择题为学生提供了选项，因此也就增加了猜测的概率，这样的测验得出的结果可信度受到一定的影响。为此本研究选用了两种题型相结合的方式来编写评价题目。

对于选择题来讲，目前并没有一个确切的数字。三个选项和四个选项的选择题的信度和区分度是一样的。但是，这一观点的前提是三个选项的选择题的信度随着选择题数量的增加而不断增强。另一方面，许多研究人员都建议使用四个选项或五个选项的选择题。从理论上讲，选项数目越多，题目的信度也就越大。但是，在确定选项的数量时，还需要考虑两个因素：第一，学生的年龄水平及其心理、能力的发展水平。第二，所要考查的内容领域不同，选项的数目也会有所不同。对于科学学科的测验来讲，四个或五个选项是较为合适的。

考虑到以上情况，加上测验时间、评分的可操作性等限制因素，本研究中选择题的选项设定为四个或五个。

对于开放型题目，由于其评分具有一定的难度，所以本研究中，适量融入了一些结构化的主观题（structured items）。也就是说，虽然题目是开放型的，但是在具体的问题上设定某些限制条件，以使命题者的考查重点更加明确，使学生在命题者设定的范围内作答，但同时也为学生的自由发挥留有一定的空间和余地。通过这种结构化的限定，使得最后的评分工作降低了难度，可操作性更强。

三、题目的命制

在确定了题型之后，就可以依据评价细目表编写题目了。这些题目是为了能够更加真实地反映出学生的技能水平，同时也为了学生在实际生活和研究中运用相关的知识和技能解决问题做好准备。

1. 题目的情境创设

作业情境会影响学生的实际表现。所以在选择问题情境时，要注意评价的是学生在经过科学课程的学习后所获得的技能和知识水平。经济合作与发展组织（Organization for Economic Co-operation and Development，简称为 OECD）主持的国际测评项目 PISA（program for international student assessment）要求问题情境应来自日常生活，而不应局限于学校生活。在学校情境中，科学过程和概念大多被限定在实验室或课堂上，但是科学课程越来越强调将这些知识和技能应用到校外的现实生活之中。

现实生活情境可以使我们扮演不同的角色，如个人角色（例如食品和能源的使用）、当地社区成员角色（例如水供应或设立发电站）或地球公民角色（例如全球变暖、生物多样性减少）。所有这些情境都可以应用于编写评价题目的问题情境。

PISA 中试题将焦点集中在与学生及家庭（个人）、社区（公众）、全球生活（全球化）相关的内容，以及那些展示科学知识发展及其对与科学有关的社会决策的影响的内容（历史相关性）。

问题的情境有多种来源，如现实生活中的现象、学生的生活经验、学生在生物实验课上获得的结果、报纸杂志上发表的文章、学术论文等。

2. 命制题目的基本原则

在命制题目时，需要遵循一定的原则，确保题目能够考查出学生的真实科学过程技能。主要的原则包括：问题情境贴近学生的生活，问题表述清晰、明确；题目的难度要与学生的认知发展水平相适应；题目所涉及的相关学科知识都是学生所熟悉的；题目应涵盖尽可能多的技能指标。

3. 题目的筛选

在编制出评价题目后，需要对其进行筛选和修订。对这些题目进行筛选时，需通过专家审查和预测试两个途径，对题目的效度和恰当程度进行评定，即评判这些题目能够考查它所要评价的技能指标，以及使用这些题目考查是否恰当。

（1）题目质量的专家审查。

在对题目进行专家审查时，需要准备相关的材料，呈现具体的题目及其所要考查的一级和二级评价指标，以使评分者明确每一部分所要考查的技能目标是什么。在评分时，首先要求评分者根据每一部分列出的技能指标，对每道题目能否考查相应的过程技能进行评分。如果认为恰当，给1分；如果认为不恰当就给0分。然后根据每道题目所要考查的具体技能指标，标出其所适合的学段（初中或高中）。最后，还要求评分者对题目本身的设计给予评价，并提出修改建议。

在试题审查阶段，专家意见为“恰当”的比例达到70%以上的题目才可以被选用。

（2）题目的预测试。

经过专家审查后，确定了题目的表面效度，接下来再通过小样本进行预测试。测试的样本必须是整个评价样本中具有代表性的一个小群体。在测试时，为了尽量减小由于测试样本的选择而产生的误差，可以采用随机取样或分层抽样的方法。此外，还应适当地控制试测时的各种外部环境条件，以保证与最后的正式施测条件尽量一致。

完成预测试后，需要对测试题目的难度和区分度进行分析。对于一个测验来讲，如果其有较高的效度，那么测试题与教学目标之间应该具有较强的一致性。在对学生的科学过程技能进行评价时，要保证评价工具具有较高的效度，非常重要的一点是这套题目应该涵盖所要考查的所有过程技能。因此，对题目的筛选既包括对题目的主观评价，同时还包括对题目进行统计测量，如计算难度和区分度。

在分析题目的难度和区分度时，尽量选择具有中等难度的题目，同时区分度应大于 0.2。对于难度和区分度不佳的题目，还需要做学生访谈，对题目进行修订或淘汰。

4. 样题

下面将展示选择题和综合题两种题型的样题，并说明题目所考查的二级指标和命题思路。

（1）选择题。

【样题 1】随着人们生活水平的提高，漱口水日益成为日常生活中的必需品。目前，市场上的漱口水品种繁多，其效果也各不相同。某兴趣小组用实验的方法检测了几种漱口水的杀菌能力，他们从一张纸巾上剪取了四个不同大小的纸环，分别用四种不同的漱口水浸湿。然后将其放入同一个长有常见口腔细菌的琼脂培养基表面。将培养皿在温箱中培养 24 小时。结果如下图所示。

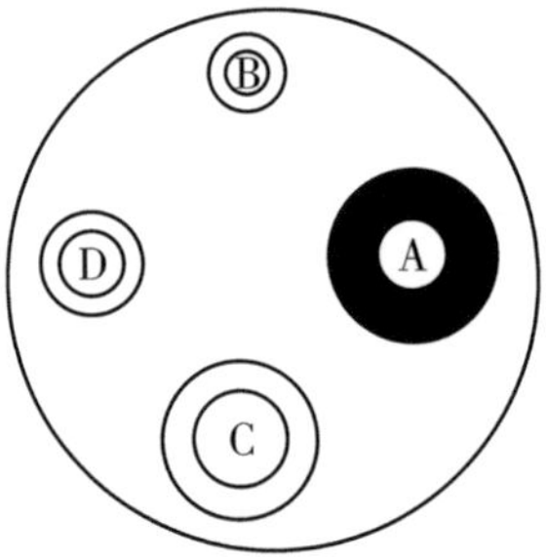

有同学认为该兴趣小组的研究方案设计不够严谨。你认为需要对其研究方案做的改进措施是（　）

A. 使用小一些的培养皿

B. 使用不同种类的口腔细菌

C. 四个纸环应该一样大

D. 四个纸环应该用同种漱口水浸湿

【题目解读】

该题以生活中的卫生与健康这一话题作为背景创设情境，设计了一个研究方案以探究不同漱口水的杀菌能力。题目中提供了一个研究方案，然后让学生分析该方案的合理性，并提出改进的措施。主要考查了学生识别和控制变量这一科学过程技能，考查的二级指标为“e-4. 能够从给定的完整研究方案和结果中识别自变量、因变量和无关变量”。

经过预测试后，试题分析结果显示，该题的难度为0.37，区分度为0.33，总体来看，能够满足测验的参数要求。

（2）综合题。

【样题2】请根据以下材料回答问题。

某生物兴趣小组的同学根据当地政府的生物多样性报告，研究了从近二十年来当地稻田中青蛙数量的变化。研究发现，青蛙的数量呈现出逐年递减的趋势。

该兴趣小组通过查阅资料，初步认为除草剂的使用有可能是造成青蛙数量变化的主要原因之一，为此，他们开展了一项研究。研究步骤如下：

a. 将常用的稻田除草剂配制成浓度为18 mg/L的溶液。

b. 在溶液中投30尾蝌蚪，观察蝌蚪的反应，每隔24 h记录一次。结果如下表所示：

浓度（mg/L）	投放蝌蚪数（尾）	存活数（尾）							最后存活数（尾）	存活率(%)
		24 h	48 h	72 h	96 h	120 h	144 h	168 h		
18	30	30	26	26	26	24	21	16	16	53.3

由此，他们得出结论：<u>除草剂影响了蝌蚪的存活率</u>。

问题：

① 该实验要研究的问题是什么？

② 他们所要检验的假设是下列哪一项？

A. 除草剂会使蝌蚪发育变慢

B. 除草剂会降低蝌蚪体重的增加速度

C. 除草剂会降低蝌蚪的存活率

D. 除草剂会污染水源

③在实验过程中，同学们还测量了蝌蚪的体长变化情况，变化范围为 1.52 ～ 3.07 cm。你认为他们选用的测量工具是什么？

A. 米尺　　　　B. 厘米刻度尺　　　　C. 测微尺

④该实验能否保证实验结果只是由除草剂而引起的？如果不能，请你说明理由，并完善该实验方案。

【题目解读】

该题以生态环境的变化这一话题为背景创设情境，学生以实验研究的方式尝试解释一些环境问题，并验证自己做出的假设。一方面可以考查学生的科学过程技能，另一方面可以对学生进行环境教育。各题目所考查的指标及其预测试结果如表 4-15 所示。

表 4-15　样题 2 试题属性表

题号	一级指标	二级指标	难度	区分度
①	提出问题	j-2. 准确地表述所要研究的问题	0.29	0.34
②	做出假设	g-2. 做出的假设与研究的问题一致	0.41	0.55
③	测量	c-2. 能够在不同场合选择恰当的测量工具进行测量	0.50	0.63
④	实验	h-2. 设计对照实验	0.60	0.64

从上表可以看出，各个小题的难度和区分度良好，题目质量符合测验的要求。

第三节　科学过程技能的评价方法与发展趋势

在科学过程技能刚刚兴起之时，研究人员就开始了对科学过程技能的评价工具的研制工作。最初，这方面的研究针对专门课程而开展，不同学者都分别针对 SAPA 科学课程构建了科学过程技能的测验工具。

随着科学过程技能的不断推广，它在许多科学课程中都有所渗透和加强，研究者开始将目光投向整个科学教育中的诸多科学课程，而不仅仅针对某个科学课程进行研究。经过多年的研究，这些研究成果已经可以让教师和评价人员使用多种方式对参与普通理科课程学习的学生展开评价。对科学过程技能的评价可以采用不同的方式，如客观选择题、主观简答题和实作评价动手操作等。

一、以选择题形式进行评价

在科学过程技能的评价研究中，大部分都是标准化的测验形式。选择题在各种纸笔测验中是使用频率最高的题型，因此，在对科学过程技能的最初评价研究中，评价工具大都采用选择题的形式。例如，迪拉肖（F.G.Dillashaw）和欧克莱（J.R.Okey）研发的由 24 个选择题构成的综合过程技能测验 TIPS （test of integrated process skills），用于考查初中和高中学生的形成假设、下可操作性定义、控制和操作变量、制订研究方案、解释数据等综合科学过程技能。[1] 此后，伯恩斯（J.C.Burns）等于 1985 年进一步丰富了迪拉肖的 TIPS 测验的几项综合过程技能，将测验题增加到了 36 个，但在题型的构成上没有大的变化，依然是选择题。[2] 后来的多项研究所使用的评价工具大都也是由选择题构成的。

【样题 1】某兴趣小组的同学研究了锻炼对于脉搏的影响。学生做不同数量的跳跃运动，然后测量脉搏。第 1 组跳跃 1 分钟，第 2 组跳跃 2 分钟，第 3 组跳跃 3 分钟，第 4 组不运动。在本研究中，你如何测量脉搏率？

A. 计算每分钟的跳跃数量　　　B. 计算每分钟的心跳次数

C. 计算每组学生的跳跃数量　　D. 计算每组学生的运动量

【样题 2】某同学想知道何种因素会影响冰块的融解时间，他认为可能的因素有冰块的大小、室内温度和冰块的形状等。他决定先研究冰块的形状对融化时间的影响。以下实验设计可行的是哪项？

---

[1] DILLASHAW F G，OKEY J R.Test of the integrated science process skills for secondary science students［J］.Science education，1980，64（5）：601-608.

[2] BURNS J C，OKEY J R，WISE K C.Development of an integrated process skill test：TIPS Ⅱ［J］.Journal of research in science teaching，1985，22（2）：169-177.

A. 选取 5 块形状和重量各不相同的冰块，盛放于相同温度下的 5 个相同容器中，记录融化时间。

B. 选取 5 块形状相同、重量不同的冰块，盛放于相同温度下的 5 个相同的容器中，记录融化时间。

C. 选取 5 块重量相同、形状不同的冰块，盛放于相同温度下的 5 个相同的容器中，记录融化时间。

D. 选取 5 块重量相同、形状不同的冰块，盛放于不同温度下的 5 个相同的容器中，记录融化时间。

【评析】样题 1 以生活实际为背景材料，要求学生根据对变量的描述，确定其可操作性定义。样题 2 给出了研究的问题和假设，要求学生选择恰当的实验设计检验该假设。只要能够确定出因变量、自变量和控制变量，这个题目就比较容易解答了。

这种以客观选择题的形式对科学过程技能进行评价，操作起来相对简单，答案唯一，计分程序简单，较省时省力，因此其使用频率很高。当然，在便捷的同时，也有许多学者提出选择题有其自身的局限性，例如，学生容易猜测答案故无法全面地考查学生的过程技能等。

【启示及建议】在某些测验中，会出现单纯就科学研究过程的方法论进行命题以考查学生对于科学探究程序的记忆情况，但这并不能真正考查学生的科学过程技能，只是考查了学生的机械记忆，并无太多的实际意义。而从样题 1 和样题 2 可以看出，在利用客观选择题考查学生的科学过程技能时，充分注意了这些技能的应用情境，因此，在命题时要选取一些研究活动，以解决问题为目的，创设情境，使学生在分析问题的过程中展示其相应的技能。这在命题的过程中非常值得注意。

二、以主观简答题的形式进行评价

随着评价研究的不断发展，以及各界对用选择题评价科学过程技能的诸多质疑，研究人员开始尝试使用主观题评价学生的科学过程技能。例如，Burak 等学者开发了一套考查 9 年级学生 12 项科学过程技能的工具，绝大部分试题为简答题。[1] 波蒙特 - 华德士（Beaumont-Walters）等开发了一个评价实验室实践技能（practical skills）的工具 TISPS，用于评价 7 ～ 9 年级学生物理学科的 5 项综合科学过程技能。[2]

【样题 3】某同学在家种植了一株西红柿幼苗，为了研究其生长情况，他每周都测量植株的高度，结果如下：

第 1 周：15 cm　第 2 周：30 cm　第 3 周：40 cm　第 4 周：45 cm

利用上面记录的数据绘制曲线图，以表示植株的高度随时间的变化情况，请注意标注坐标轴。

根据你所绘制的曲线图，请预测植株在第 5 周的高度。

【样题 4】某兴趣小组的同学想要研究“蜜蜂是否喜欢吃无糖可乐”这一问题，请你帮助他们设计一项合理可行的实验方案，写出具体的实验步骤，以回答其问题。

【评析】样题 3 以一个具体的研究实例为素材，给出观察到的数据，要求学生将描述型的数据转化为曲线图，然后根据该图形所展示出的数据变化趋势预测下个时间点的值。该题以主观题的形式考查学生数据呈现方式的转换能力，相对选择题的形式更加能考查学生的能力，着重考查了学生解释数据的能力。

样题 4 以生活中学生感兴趣的话题“蜜蜂的食性”为主题，提出研究的问题，要求学生设计具体的研究方案。着重考查了学生设计实验和解决问题的能力。这种考查形式不再拘泥于几个选项，而是留给学生发挥创造性的空间，比客观选择题的评价形式灵活。当然，也在某种程度上加大了题目的难度。

【启示及建议】

---

[1] BURAK F，BARIS D，MURAT A.Developing a science process skills test for secondary students：validity and reliability study［J］.Educational sciences：theory and practice，2012，12（3）：1899-1906.

[2] BEAUMONT-WALTERS Y，SOYIBO K.An analysis of Jamaican high school students’ integrated science process skills performance［J］.Foreign countries，2000：24.

a. 题目通常以解决问题的研究活动作为背景材料

科学过程技能与科学研究息息相关，因此，样题 3 和样题 4 都是以某项科学研究活动为素材进行设计的。这种命题思路在科学过程技能的评价中是最常用的，让学生在解决问题的过程中展示其所知和所能。

b. 根据实际需要选择使用结构型简答题还是开放型简答题

在科学过程技能的评价方面，可以通过结构型和开放型 2 种简答题的形式进行考查。结构型简答题通常已经展示出整个题目所涉及的内容和具体步骤，为学生的作答提供了必要的提示信息，其答案相对固定，开放度较小，学生的作答和评分也相对容易。而开放型简答题通常只给学生提出所要研究的问题，让他们自由设计研究方案，为学生发挥创造性留出了足够的空间，但同时也增大了学生的作答难度和评分的操作难度。因此，命题者应事先确定好评分标准，尽量减小由评分者主观性所引起的评分偏差。

三、以实作评价的形式进行评价

实作评价是指通过学生的表现评价其在某一学科或主题领域的所知和所能，评价的内容包括学生的作业、实验报告、口头汇报、制作的模型、对实验仪器和设备的操作和使用等诸多方面。

科学过程技能将涉及学生的具体动手操作活动，因此，单纯地通过选择题和简答题等纸笔评价的形式难以较为全面地评价学生的科学过程技能，随着实作评价这种评价形式的发展和不断完善，许多学者开始尝试将实作评价的形式引入对学生科学过程技能的评价研究工作中。

例如，波蒙特 - 华德士等开发的实验室实践技能的评价工具 TISPS，用于评价 7 ～ 9 年级学生物理学科的 5 项综合科学过程技能。

【样题 5】在本活动中，你要使水滴从不同的高度落下，并研究其落在下方白纸上的直径大小。

器材：1 把米尺、一把直尺（12 cm）、1 支吸管、1 张白纸、1 杯水和 1 张纸巾。

教师将为你展示如何使用吸管作为滴管。请完成以下任务：

步骤 1：

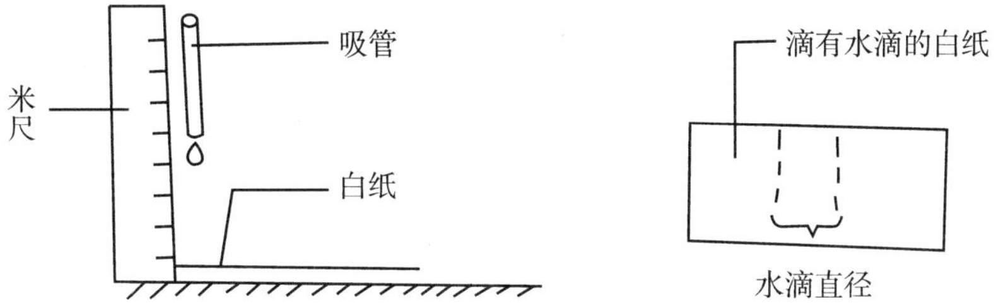

（a）根据上图（左）的示意图组装器材。如果水滴从不同的高度落在正下方的白纸上，水滴的直径会如何变化？请写出你的假设。

（b）在一定的高度用吸管将一滴水滴在白纸上，记录此时吸管距离白纸的高度，测量和记录白纸上水滴的直径，然后用纸巾擦干水滴。

（c）重复步骤（b），每次的高度各不相同。

（d）绘制表格，记录结果。

步骤 2：

（a）绘制曲线图，展示水滴下落高度与白纸上水滴直径之间的关系。

（b）假设该实验重复多次后所得的结果相似，写出通过本实验可以得出的结论。

（c）在本实验中，你会改变一个变量，然后测量和记录随之发生变化的另一个变量。

（c–i）本实验中，你改变了哪个变量？

（c–ii）本实验中，随之发生改变的变量是什么？

【评析】在这个活动中，通过学生动手操作的形式考查了多项科学过程技能，具体分析情况如表 4-16 所示：

表 4-16

题号	考查的技能
1-（a）	做出假设
1-（d）	用表格形式记录数据
2-（a）	用图的形式记录数据
2-（b）	解释数据、总结归纳
2-（c）	识别变量

该题目的特点之一就是并未直接给出实验数据让学生寻找规律，而是给出所要研究的问题和所要使用到的器材，由学生根据要求自行组装，然后进行实验、记录和分析数据，并得出结论。由此可以看出，学生需要实际动手操作才能完成这项任务，这也是保证了所观察到的数据具有可靠性。通过这样一个实作活动，全面地考查学生的多项综合科学过程技能，能够在真实的情境中较为客观地反映出学生的科学过程技能。这种评价形式在当前理科课程中的诸多能力考查中已经得到了一定的关注和认可。

在具体的操作中，实作评价需要教师记录学生的实际操作过程，例如装置的组装是否正确等。此外，学生的动手操作获得数据的过程需要占用一定的时间。这两个方面都使得测验的整体时间比纸笔测验时间长，这也导致实作评价在实际情况中并未得到大范围的使用。

【启示及建议】

从样题 5 可以看出，它能从纸笔和实际操作两个方面很好地评价学生的科学过程技能。根据这个样题，我们在命题方面应该注意以下几个方面：

a. 创设真实的试题情境

样题 5 以生活中实例为背景材料创设情境，考查学生对于物理学概念的理解和掌握情况。所提供的器材和设备也都非常简单，便于学生操作。学生在完成整个操作的过程中，不存在动手操作方面的困难，因此，学生在动手的同时也要动脑思考所要解答的问题，在真实的情境中解决问题，充分展示相关的思维能力和动手操作技能。

b. 试题的呈现方式尽量符合科学研究的基本程序

在样题 5 中，整个试题的呈现方式基本上遵循了“提出问题→做出假设→设计研究方案→实施实验方案→观察和记录数据→整理和分析数据→得出结论”这一科学研究的程序。这种呈现方式符合科学探究的课程理念，便于学生沿着科学研究的方法和思路充分展示其所知和所能。

在实际应用中，试题既可以选择一个完成的研究程序来呈现，也可以节选其中的一部分。这需要根据实际的评测目的和时间做统筹安排。

c. 题目的编制应充分考虑学生动手操作部分所占的比例

样题 5 中并未专门考查学生的操作技能，只是要求学生根据提供的示意图组装好实验装置，并根据所提示的步骤进行操作以获得数据，作为分析之用。因此，操作难度要求较低，而将考查的重点放在学生对所获得数据的分析，以及对科学研究方法上。

如果试题需要考查学生的实际操作技能，例如，考查学生在生物学中制作临时装片和使用显微镜进行观察的技能，那么题目中就应该对显微镜的操作技能做较高的要求。在实作评价试题中，学生的动手操作所占的比例需根据具体的评价目标而定。

d. 题目的编制需要权衡完成整个任务所需的时间以及评分的难易度等因素

样题 5 所涉及的动手操作内容属于在较短的时间内即可获得数据的活动，在 30 分钟之内基本可以完成。在命题的过程中，命题者需要结合具体的学科和情境，确定活动所需时间的长短。通常情况下，一个实作评价题目不宜超过 30 分钟，如果其在整个评测中所占的时间比例过高，那么可操作性和适用性就会打折扣。因此，命题时需要控制实作评价题目所需的总时间，既保证能够使学生充分展示其所知和所能，又增强其适用性。

对于实作评价试题来讲，评分工作是一个重要的环节，也是相对复杂和有难度的一个环节。如果题目要考查学生的动手操作技能，例如显微镜的使用，那么命题者应事先制定相应的操作标准，制作好操作记录表，而且要考虑在实施评测时是否有足够经过专业培训的计分员。因此在实际命题时，命题者不仅要考虑题目本身的难度和质量，同时还要考虑评分这一重要因素，以保证实作评价试题能够更好地发挥其评价功能。

四、小结

在科学学科课程中，科学过程技能的教学和评价是备受关注的研究领域之一。随着研究的不断发展和深入，对科学过程技能的评价已经取得了一定的进展，从对具体课程中的科学过程技能的评价逐渐发展到不受课程限制的普适性评价，从利用选择题等客观题的评价逐渐发展到使用简答题等主观题形式进行评价，乃至发展到利用实作评价的形式进行评价，评价研究的广度和深度都在不断加大。

针对科学过程技能的评价，不同的评价形式有其优点，也有不足之处，这 3 种评价形式有机地结合在一起，互相取长补短，能够较为全面地评价学生的科学过程技能水平。在实际教学和研究中，教师不能盲目地选择某一种评价形式，而是应根据不同具体的教学目标和研究目的确定恰当评价形式，以更好地为教学和研究服务。

在已有的研究中，研究的焦点主要是评价的形式和工具，针对科学过程技能的评价标准的研究很少。而科学过程技能的评价标准则是指导具体教学和评价的重要依据，因此，在科学学科课程中，针对具体年级水平的科学过程技能评价有待开展深入的研究。

第五章

技术在科学过程技能培养中的应用

技术工具驱动是科学发展的重要方式，这种发展方式是非革命的、渐进式的。对于生命科学来说，最直观的例子是显微镜的发明。它不但帮助人们观察到一个肉眼看不见的微观世界，开创了微生物学；而且使人们通过观察细胞的结构，建立了细胞生物学；同时也促进了孟德尔遗传学与染色体理论的联系，为孟德尔建立经典遗传学奠定了基础。我们很难想象，如果没有X射线衍射技术，DNA双螺旋结构又该如何被发现呢？因此，我们有理由相信，技术进步往往成为推动科学发展的主要方式。因为技术不仅是程式化操作，还是一系列有利于科学过程技能培养的方法和手段，是启迪创造性思维的推动力。

第一节　生物学实验技术在科学过程技能培养中的应用

生物学是以实验为基础的自然科学，实验教学具有不可替代的作用。以现代学生观为立足点，以促进学习方式改变为过程导向，正确地使用生物学实验技术，科学安排生物实验教学，有利于培养学生的生物学科学过程技能，提高其生物学科核心素养。

一、充分利用传统实验技术发展学生的科学过程技能

传统的实验技术是生物学学习的重要组成部分，也是概念建构、能力提高、素养落实过程中必要的手段和途径。在课程标准中，不仅有相关理念的阐述，还有明确的实验活动建议。在教材中也有具体的实验（实践）活动安排。在实际教学中，需以课程标准为依据，充分利用教材提供的传统实验技术培养科学过程技能。

1. 强化技术、工具和方法的使用

生物学实验中的技术、工具和方法能够帮助学生实现对生命现象的观察或者对生命活动规律的探究，因此，技术、工具和方法的熟练应用往往会促进学生的分析与想象，促进科学过程技能的培养。中学生物学实验中所涉及的光学显微镜的使用、临时装片的制作、离心、同位素标记法、样方法、接种方法等都需要在学生的学习中进行一定程度的强化。

在教学中可以进行分类培养，在对细胞层面进行研究的时候，可能用到细胞培养、观察、提取与分离、物质鉴定、同位素标记法等方法；在对个体层面进行研究的时候，可能会用到切除法、同位素示踪法、注射等；在对群体层面进行研究的时候，往往用到样方法、标志重捕法、取样器取样法等。这样，在解决某一个具体问题的时候，就可以基于技术方法形成较为完整的科学过程技能。例如，在研究“某种水果成熟过程中，淀粉、还原糖含量变化的规律”时，可以引导学生基于物质鉴定方法提出研究思路：利用不同成熟期的同种水果，提取组织样液，再用碘液、斐林试剂进行物质鉴定，利用实验结果建立物质含量随时间变化的模型。再如，如果需要学生完成对“某种基因在不同组织中表达的比较”时，学生如果能够

很清楚地理解 PCR 基因扩增仪的工作原理，就不难想到：首先需要获得 DNA 进行扩增，再进一步调用“基因表达过程——转录形成 mRNA 再进行翻译”的概念，形成“提取不同组织中 mRNA → DNA → PCR”的研究思路，从而在发展科学过程技能的同时，逐渐形成生物学科能力。

2. 规范基本实验流程

在教学过程中，容易出现一些操作不当的情况，例如，教师仅仅逐一演示实验操作环节，忽略对实验目的、原理的分析与解读，实验的结果往往也是匆匆带过；实验过程中，学生充当了教师的“随从”，只获得实验带来的记忆碎片，缺乏主动参与，无法获得整体认知，科学过程技能很难得到提升。因此教师不能将实验简单化为操作技巧，而是要强化学生的学习过程，引发深度学习，提高科学过程技能。比如，在“土壤中分解尿素的细菌的分离与计数”探究实践活动中，教师尝试通过实验设计、实施、分析及反思等过程培养学生的科学过程技能；在发现问题、层层改进的基础上提高其科学探究能力，提升科学思维品质；通过学以致用形成社会责任意识，从而发展学生的生物学科核心素养。具体做法如下：

（1）以“植物根对氮的吸收的选择性”为背景知识，创设“垃圾无害化处理中的疑难问题”情境，引导学生通过观察和分析提出需要解决的问题，再通过小组交流拟定研究课题，如“获得高效分解纤维素的细菌”“土壤中分解尿素的细菌的分离与计数”等。

（2）根据研究课题，按照完成总任务的工作需求对学生进行分组。可以将任务分解为几个问题，如“如何获得菌种”“怎样培养微生物”“怎样分离特定微生物”“怎样鉴定特定微生物”“如何确定是否高效”“如何计数”等。根据任务提出研究思路，规划研究方案，设计实验，分工合作。

（3）依据研究任务，让学生自主学习所需的基本实验技术。例如，培养基的制备（计算、称量、溶化、灭菌、倒平板）、接种方法（平板划线法、稀释涂布平板法）、细菌的培养鉴定等。教师提供相关的图文或视听材料；学生可反复学习，同时进行实际操作；教师或有经验的学生可以参与对学生学习过程的指导。

（4）根据实验方案，让学生利用课上和课下时间，开展小组研究工作，记录各组产生的生成性问题。比如：是否需要对照组？如何解决小组之间计数差异性大的问题？

（5）让小组展示与交流实验成果。在展示和交流过程中，小组之间相互质疑，启发深层次思考。比如思考“菌落降解效果好的是不是生产上应用最好的”“是否能融合其他技术突破降解效率低的困难”等问题。

一个严谨而完整的实验流程，既能引导学生在完成任务的过程中体会到过程技能的价值，又能培养学生的多种科学过程技能。这种任务驱动、合作分工、随时融入生成性问题及解决方案的探究活动，能够引导学生不断探索发现，逐步体会科学实验的严谨性，提高他们的思维品质和合作交流的能力。同时，学生在解决生产生活中实际问题时也发展了生物学科核心素养。

3. 融入生物学概念建构

基于理解的生物学概念建构就是一个科学思维的过程，而实验技术能够为概念的建构过程提供事实依据，形成实验→事实（结果）→结论→概念的学习逻辑，在这个过程中学生的科学过程技能不断得到提升。例如，《普通高中生物学课程标准（2017 版 2020 修订）》中有一个次位概念“说明植物细胞的叶绿体从太阳光中捕获能量”，如何帮着学生建构这个概念呢？需要从两个层面思考：第一，植物细胞的叶绿体具有光合色素；第二，叶绿体的光合色素能够吸收和转化（捕获）光能。为了帮助学生构建这一概念，教师设计了如下两个实验和一个资料分析。实验一：提取与分离绿叶中的色素。经过选材、研磨、过滤、画线和层析，最终学生可以看到分离后的色素条带，形成“叶绿体中存在光合色素”的概念。如果实验止于此，还不足以支持完整概念的建构。因此，教师又安排了实验二：观察透射光和反射光条件下的色素提取液所呈现的颜色，结果见图 5-1。再结合资料“光合作用中类囊体膜上的能量转换”进行分析，最终形成“光合色素可以捕获光能”的概念。

（a. 菠菜叶色素提取液；b. 透射光下，菠菜叶的色素提取液呈绿色；c. 反射光下，菠菜叶的色素提取液呈红色。）

图 5-1　透射光和反射光条件下的色素提取液所呈现的颜色

在上面的案例中可以看出，实验技术不单纯因活动而存在，它是以学生的学科学习过程和生物学科的特点为基础的。实验教学的过程也就是概念建构的过程，而在整个过程中学生的观察、测量、交流、结果分析等科学过程技能都能得到锻炼与提升。在这样的过程中培养和提高科学过程技能，既有其立足点也有其正确的价值取向。

二、在探究活动中发展学生的科学过程技能

探究实验是学生主动获取生物学知识、体验科学过程、领悟科学方法的重要学习活动，能让学生的学习方式实现从被动接受（被告知、被训练）到主动获取（建构概念、能力进阶）的转化。学生在经历观察现象、提出问题→做出合理的假设→选择恰当的实验材料→设计对照实验→通过实验条件的控制获得可靠的实验数据→分析实验数据→做出推理和判断→得出结论的过程后，科学过程技能也会在运用中得到提升。

1. 研究问题引领探究的发生

探究活动的有效开展需要逐步引导。一个值得推广的做法是设置基于任务的驱动问题，逐步引导学生开展探究活动。比如，由于酶的催化作用具有专一性的特点，实验中通常利用淀粉酶对淀粉和蔗糖的不同作用结果

来验证酶催化作用的专一性。尽管这是个验证性实验，但对于培养学生科学过程技能而言，却可以做出探究的味道。

教师可以由研究问题开始，可以对学生进行提问："我们知道酶的催化作用具有高效性的特点，那么一种酶是否可以催化不同物质或者不同类型的反应呢？"学生据此可以做出以下两种假设：①如果一种酶可以催化不同物质或者不同类型的反应，那么细胞中的多种反应将因此而变得无序。即用一种酶加不同底物将可以出现相同的反应结果。②如果一种酶不可以催化不同物质或者不同类型的反应，那么细胞中的多种反应将分别由不同的酶催化，分别受各种酶的控制。即用一种酶加不同底物，只在与酶对应的底物（反应）体系中出现反应结果。

在此基础上，设计驱动性的任务和问题。任务一：根据实验目的自选试剂，设计实验方案（表格或者文字叙述）并实施实验，验证淀粉酶的专一性。与该任务相对应的驱动性问题包括：该实验的自变量是什么？因变量是什么？如何检测因变量？有哪些无关变量？根据结果能够得出什么样的结论？任务二：结合资料从分子的层面解释酶的专一性。与该任务相对应的驱动性问题包括：酶的催化作用原理是什么？酶是否参与反应？酶能否为反应提供活化能？酶的空间结构受哪些因素的影响？

在此过程中，基于驱动性的任务和问题，可以有效培养学生识别和控制变量、预测与推理、实验与交流等科学过程技能。

2. 实验为探究提供支持

从前面的例子中可以看得出来，探究活动往往是一系列学习活动，而实验可能只是其中的一部分。怎样能够充分发挥实验的作用，让探究性学习活动能持续进行呢？这要求教师不应局限于教材所提供的实验范例，需要有所突破。这部分内容的教学过程就是一个很好地将推理论证与探究实验相结合的例子。

师生首先明确：亲代与子代染色体含量相同。

教师提出系列问题，引发思考：个体发育的起点是什么？大致过程如何？（从受精卵开始，然后发生了细胞增殖和细胞分化使得细胞数目、种类增加）

受精卵是怎样产生的呢？（精子与卵细胞通过受精作用形成受精卵）

教师提出核心问题：精子和卵细胞是怎么产生的呢？

引发冲突：如果按照有丝分裂方式形成精子和卵细胞，你认为可能吗？（不可能，如果这样就会导致子代的染色体数目是亲代的两倍，如此增长，难以想象）

学生做出假设：应该存在一种特殊的分裂，这种分裂能够导致染色体数目减半。

教师继而提供减数分裂的发现科学史资料：① 1890 年，鲍维里证明了海胆雌雄配子中的染色体形态相同——同源染色体；② 1890 年鲍维里和 1891 年亨金的研究都证明，配子中含有原来成对染色体中的一条染色体。

提出问题：同源染色体分离和姐妹染色单体的分离先后顺序如何？

实验引导：应该选择何种材料进行观察？

进行实验获得实验证据：观察百合花粉母细胞（小孢子母细胞）的减数分裂装片。

结合实验结果，得出“同源染色体分离发生在减数第一次分裂，姐妹染色单体分离发生在减数第二次分裂”的证据。

继续提供史实资料：1913 年，卡罗瑟斯在显微镜下统计了雄笨蝗减数第一次分裂后期的细胞，发现 X 染色体（雄笨蝗仅一条 X 染色体）与一对大小相异的同源染色体的组合接近 1 ∶ 1。

提出问题：每对同源染色体分离时，非同源染色体如何分配呢？

……

把实验融入探究活动之中，让学生不断地进行推理论证，学习生物学知识并发展科学过程技能。

3. 将探究引向综合研究

生命活动规律的研究不应局限于某一个方向或某一个思路，需要引导学生全方位、多角度去思考与探究，在此过程中可以更充分地培养科学过程技能。

在“探究土壤微生物的分解作用”活动设计中，教师在引导学生分析教材提供的“落叶是在土壤微生物的作用下腐烂的吗？”“探究土壤微生物对淀粉的分解作用”两个案例之后，提出系列探究课题：探究土壤微生物对滤纸条的分解作用；探究温度对土壤微生物分解作用的影响；探究土壤浸出液对滤纸条的分解作用；探究废旧电池渗出物对土壤微生物分解能力的影响……进而再分别拟定研究思路、提出假说、预测实验结果、设计实验方案。最终实施方案，获得实验结果，建立“温度—降解速率”“湿度—降解速率”“时间—降解率”等多种模型。再综合研究成果，为垃圾处理等社会性问题提出合理化建议。

打开思路，拓宽视野，提高科学过程技能在探究实践活动中的应用，能够更大限度地发挥实验技术在科学过程技能培养过程中的作用。

三、引导实验改进升华科学过程技能

基于传统实验技术和实验探究活动可以促使学生形成一定的科学过程技能，而科学过程技能的核心应是在操作的过程中学会思辨。这需要学生在实验过程中发现问题，训练批判性思维和创新性思维，提升科学过程技能，使其发展为具有良好个性心理特征的能力。以原有实验为基础，对实验材料、装置及结果分析进行改进和优化，是发展学生科学过程技能的重要举措。

1. 优选实验材料

恰当的实验材料是成功开展实验研究的前提和保障。高中生物学教材中所选用的实验材料是经过若干实验尝试后选定的，有其明显的优势。但在不同地区和不同条件的教学实践中，由于受材料购买、处理、储存，以及实验效果、实验体验感不良等因素，实验的教学效果会受到不同程度的影响。

比如，人教版普通高中生物学必修 1《分子与细胞》第五章“比较过氧化氢在不同条件下的分解”实验中选用新鲜的肝脏研磨液作为实验材料，学生虽然在实验中能观察到明显的实验现象，但肝脏研磨液的形态、气味给学生带来不好的实验体验，因此会产生寻找肝脏研磨液的替代材料的内在诉求。经过文献查阅，发现几乎所有的生物机体都存在过氧化氢酶。过氧化氢酶普遍存在于能呼吸的生物体内，主要存在于植物的叶绿体、线粒体、内质网，动物的肝和红细胞中，其酶促活性为机体提供了抗氧化防御机理。于是学生提出其他可供选择的实验材料，例如黄瓜、杏鲍菇、杧果、西红柿等。

学生通过观察发现：杏鲍菇催化 H_2O_2 产生的气泡最多，甚至比肝脏研磨液效果还要好；其次是黄瓜；杧果和西红柿组几乎观察不到气泡产生（见图 5-2）。由此，学生提出可以用杏鲍菇提取液作为猪肝研磨液的替代材料。

a. 不同生物材料的提取液

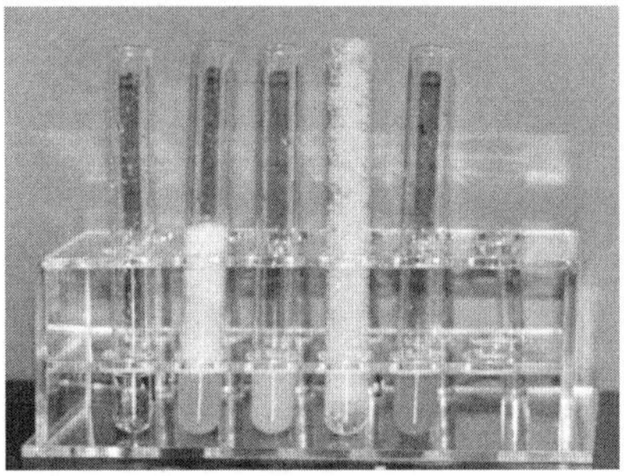

b. 不同生物材料的催化效果

（a 图中从左到右依次是：黄瓜、杏鲍菇、杧果、西红柿；b 图中的第 1 支试管中加入等量蒸馏水作为对照。）

图 5-2　不同生物的组织提取液及其催化效果

显而易见，学生自主发现问题，查阅资料，主动尝试，有目的地观察、比较、记录，寻求新的替代材料，这些活动增强了他们的主体体验感。自主尝试迁移和拓展，能在解决问题和尝试创新中综合提升科学过程技能。

2. 优化实验装置

实验装置是否具有科学性及精密性，直接决定了实验过程是否严密、数据是否可靠、是否可以定量分析等。如“比较过氧化氢在不同条件下的分解”实验中需要观察点燃卫生香的复燃情况（见图 5-3）。通过观察，学生能得出快与慢、多与少等定性的结论，但实验结果有些笼统，结论不够严谨。从而驱使学生进一步提出“究竟产生了多少气体？”的问题，而要回答这个问题，势必会提出“怎样检测气体体积？”这一具体问题。随之，实验装置的改进和优化就成为问题解决的核心。

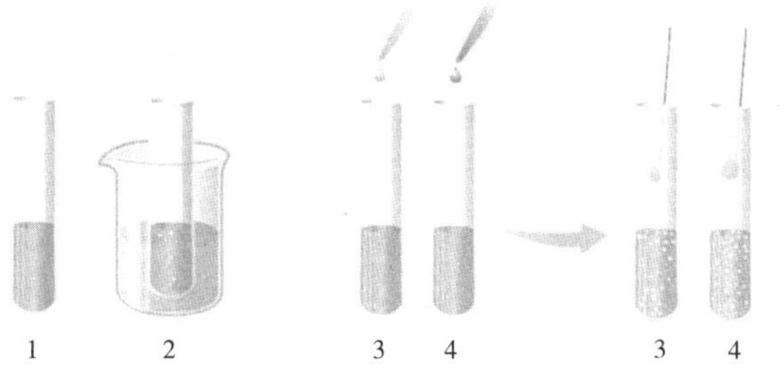

图 5-3　“比较过氧化氢在不同条件下的分解”实验过程示意

鉴于学生的知识储备和实验经验有限，学生最初提出的气体体积检测方法为小液滴法（见图 5-4）。从单孔塞到双孔塞的改进，很好地解决了加样与检测不同步的问题。但由于小液滴测量范围有限，对于产生较多气体的实验而言，很难检测到真实数据。

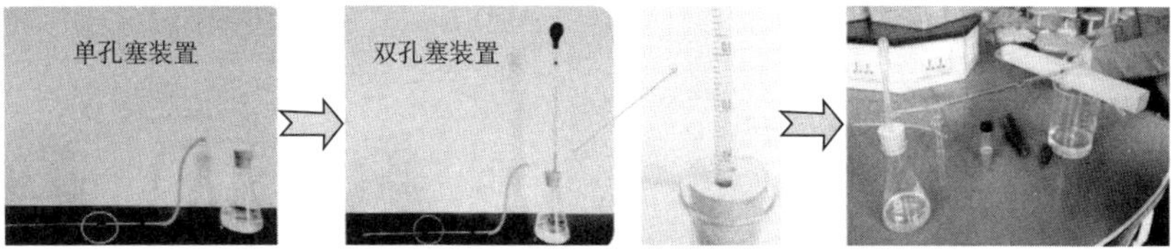

图 5-4　小液滴法检测气体体积

于是，学生想到用气球收集气体（图 5-5a），但气球体积不好测定，于是设计出利用下压气球至水下排出水的体积代表气球体积（图 5-5b）的方法，以及通过注射器收集气球中的气体（图 5-5c）的方法。但两种方法都因材料等因素存在一定程度的误差。不过，利用排水测体积和利用注射器移动测体积都给出了很好的启示，可将实验装置进一步完善。

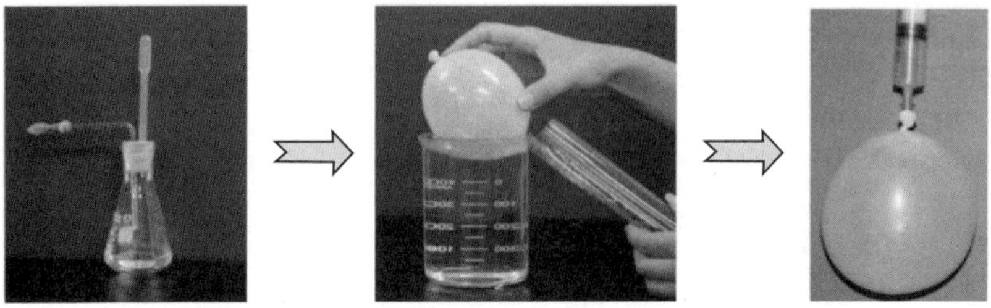

a　　b　　c

图 5-5　“比较过氧化氢在不同条件下的分解”实验中检测气体的装置

接着，学生直接采用排水法检测气体体积（图 5-6）。经过实践发现，图 5-6 中 1 处气密性不好，4 处用烧杯收集水测体积精准性不够，因此实验装置还可进一步改进。如在 1 处用注射器，在 4 处用量筒等。

图 5-6　排水法检测气体体积

学生最终将装置改进为用注射器收集气体并测定气体体积。单注射器装置只能完成气体的收集，而且加样不方便，导致反应与检测不同步（图 5-7a）。于是改进成可同时实现加样和收集的双注射器装置（图 5-7b）。该装置设计简单，气密性强，气体收集方便，检测准确。另外，可根据产生的气体体积在图 5-7 中 1 处选用不同规格的注射器（5 mL、10 mL、20 mL、50 mL）。

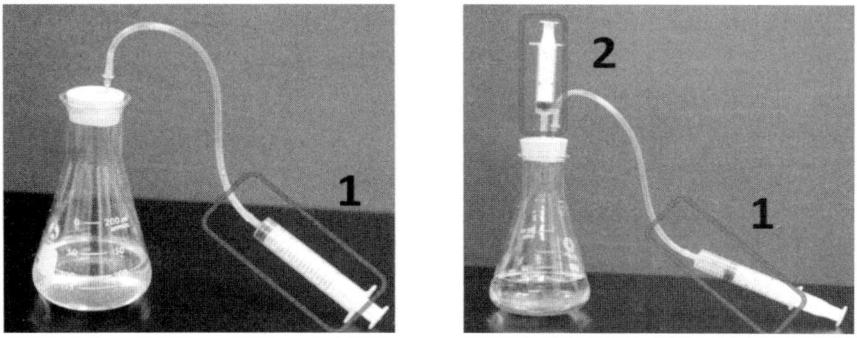

a. 单注射器法　　　　　　b. 双注射器法

图 5-7　注射器收集气体并测定气体体积

学生基于实际问题驱动，综合运用多学科知识及原理，逐步改进了实验装置。学生之间进行深度交流，互相评价、质疑、建议，在相互合作中完成思维碰撞。实践过程中不断改进实验装置，从小液滴法到排水法，再到注射器法，逐渐优化装置。实验装置的改进思路还可以迁移应用到其他检测气体的实验中，例如光合速率、呼吸速率的测定等。同时，改进实验装置可以获得相对精准的实验数据，为后续结果的发现奠定了基础，由此促进科学过程技能的提高。

3. 实验数据处理与分析

实验数据的分析与转换，体现了科学思维过程。例如在探究过氧化氢酶活性的实验中，学生通过注射器法记录活塞移动速率（见表 5-1）。

表 5-1　利用注射器法测得的活塞移动速率

实验序号	反应底物	
	杏鲍菇提取液稀释 5 倍	肝脏研磨液稀释 5 倍
1	0.35 mL/s	1.25 mL/s
2	0.30 mL/s	0.88 mL/s
3	0.22 mL/s	1.42 mL/s
4	0.20 mL/s	1.32 mL/s
平均	0.27 mL/s	1.22 mL/s

由此可以看出过氧化氢在杏鲍菇提取液及肝脏研磨液催化下产生氧气的快慢。但这些数据能否反映相关生物材料中过氧化氢酶的真实含量（活性）呢？由此可以引入标准曲线作为辅助，让学生思考并讨论，将标准过氧化氢酶液的作用效果与待测材料的效果做比较，即可获得生物材料中的真实酶含量。首先，利用注射器法测量不同浓度过氧化氢酶催化作用下注射器移动速率，并绘制标准曲线；其次，将待测样品检测结果数值代入标准曲线，求得样品中过氧化氢酶含量（见图 5-8）。

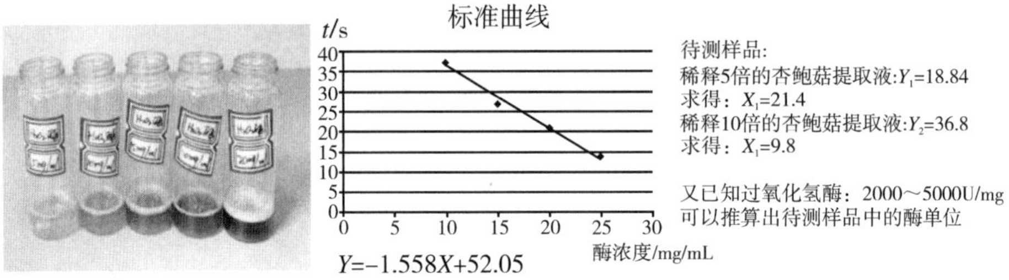

a. 已知浓度的标准酶液　　b. 标准曲线及待测样品结果

（酶浓度为 5 mg/mL 组产生的气体未能推动注射器，所以该组无效，标准曲线绘制只用后四组数据。）

图 5-8　标准酶液与标准曲线

标准曲线的引入，促使学生进行思维转换，将数据解释从简单基本的趋势比较转向定量分析，体会数据分析对生物学研究的意义。当遇到诸如“泡菜中亚硝酸盐含量测定”“不同牛奶乳制品中蛋白质含量测定”“茶叶中茶多酚含量测定”此类研究课题时，学生能利用标准曲线的思想理解比色法，触类旁通，迁移应用。定量分析的意识将作用于学生的整个生物学习过程乃至今后的工作中。

学生基于教材基础实验探究，从实验材料、实验装置、实验数据分析等多个方面进行尝试改进，通过观察、资料收集、交流合作、模型构建、数据解释、实验检测等诸多环节，将所学知识运用于实践活动。如此一来，他们的动手操作能力和思维方式都得到充分锻炼，极大程度地提升科学过程技能。

四、走向创造的高阶科学过程技能培养

实验改进是当学生按原有步骤进行操作尝试中发现问题时，以教材实验为原型进行的完善和创新。这种改进源于学生的生活体验，从中提出可以研究的问题，从无到有开展实验，是一种更高层次的创造，可以在完整的探究过程中有效培养学生控制变量、测量、数据解释、实验实施等高阶科学过程技能。例如，在“一盘菠萝咕噜肉引发的思考——蛋白酶活性的检测”案例中，学生的探究活动更趋向于一种创造。

（1）基于生活体验的“提出问题”

体验：①学校食堂的菠萝咕噜肉肉质鲜嫩，菠萝酸甜可口；②新鲜菠萝有“扎嘴”的刺痛感；③盐水泡后菠萝口感变好。

问题：为什么菠萝会出现不同的口感？

（2）基于尝试摸索的“问题初探”

资料查询：学生查阅资料，获得信息“菠萝中含有菠萝蛋白酶，可破坏口腔黏膜细胞”。

提出推测：上述现象均与蛋白酶活性有关。

怎样证实菠萝中蛋白酶是真实存在的？蛋白酶可以将蛋白质水解，而肉皮冻中富含胶原蛋白，学生设想通过观察肉皮冻（含有胶原蛋白）在菠萝汁中被水解的情况，进而得知菠萝中存在蛋白酶及其水解蛋白质的情况。

学生做出了系列尝试，以观察和记录肉皮冻水解情况。

尝试 1：尝试将肉皮冻切成规则的小块，放入菠萝汁中，观测肉皮冻块消融所用的时间（见下图）。

生成问题：肉皮冻块易散架，统计时间误差很大。

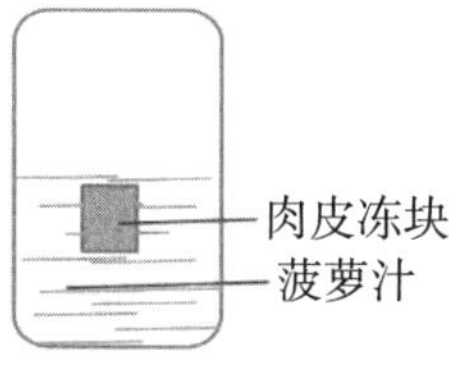

观测肉皮冻块在菠萝汁中的变化

尝试 2：基于“抑菌圈”的设计思路制备肉皮冻培养基，将用菠萝汁

浸泡过的滤纸片放在培养基表面。

生成问题：浸泡滤纸片，水果汁液含量少（蛋白酶少），水解效果不明显。

尝试3：在肉皮冻上钻取大小相同的小孔，通过测量融冻圈直径的大小，判断蛋白酶水解蛋白质的能力，由此确定实验中观测指标。

那么，如何检测不同水果中蛋白酶活性呢？学生实施如下实验。

步骤1：制备肉皮冻培养基，倒平板。

步骤2：用笔帽在培养基上用力往下按，再用镊子将多余的培养基取出，即可形成小孔（见下图）。

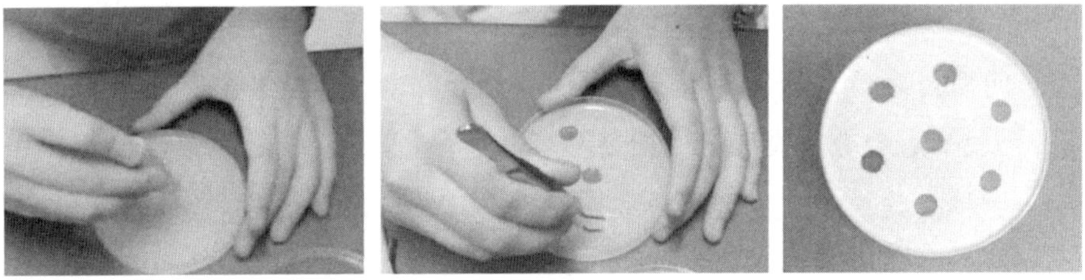

在培养基上打孔

步骤3：在各小孔内滴加等量的各种水果组织提取液（蛋白酶液）。20分钟后观察和比较融冻圈的大小。

步骤4：实验结果及分析。吸取出小孔中的液体，结果如下图所示。由图可以看出，猕猴桃和菠萝两组的融冻圈明显大于清水对照组。

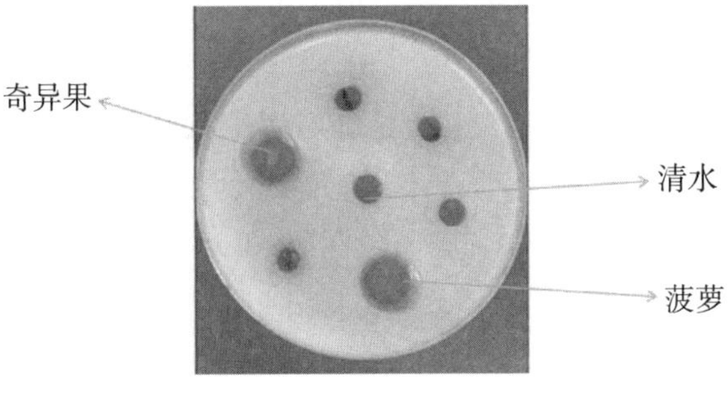

实验结果

通过初探环节，证实了上述实验技术、操作、观测指标等的可行性；同时，能定性地判断不同水果中蛋白酶分解蛋白质能力的强弱。但由于肉皮冻含有较多脂肪，会受到温度的影响，培养基容易发生融化。所以，继续优化实验设计，用明胶替换肉皮冻培养基。

（3）基于严谨探究的“问题解决”

回到最初的研究问题，引导学生聚焦两方面：烹饪过程中的高温对蛋白酶活性有影响；食盐浸泡过程中的 NaCl 对蛋白酶活性有影响。因此可以将问题转化为探究高温、NaCl 对蛋白酶活性的影响。

实验分组：新鲜组——在反应体系中直接滴加等量的新鲜果汁；高温组——将新鲜果汁煮沸 2 分钟，待冷却后再滴入反应体系中；食盐组——将 1 mL 新鲜果汁与 1 mL NaCl 溶液（1 mol/L）混合后，滴入反应体系。实验装置如下图所示。

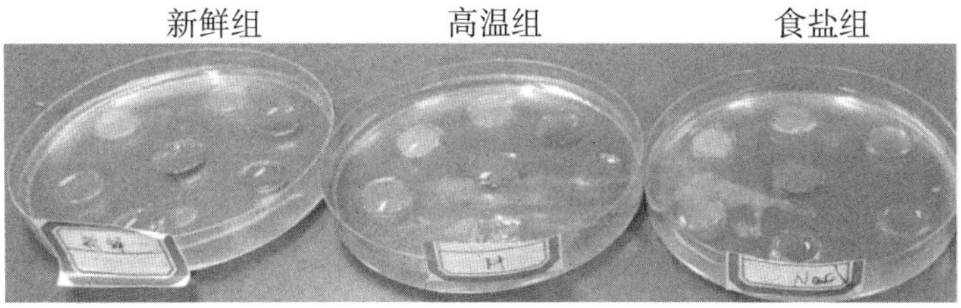

“探究高温、NaCl 对蛋白酶活性的影响”的实验装置

实验结果：反应 20 分钟后，测量孔径的大小，结果如下表所示。

“探究高温、NaCl 对蛋白酶活性的影响”的实验结果

实验分组		液体种类						
		（孔 1）对照	（孔 2）葡萄汁	（孔 3）猕猴桃汁	（孔 4）菠萝汁	（孔 5）桃汁	（孔 6）梨汁	（孔 7）杧果汁
孔径大小/cm	新鲜组	1	1	1.15	1.27	1	1	1
	高温组	1	1	1	1	1	1	1
	食盐组	1	1	1.18	1.23	1	1	1

从实验结果可以看出，新鲜组中猕猴桃汁和菠萝汁的孔径明显变大，食盐组中猕猴桃汁和菠萝汁的孔径也有明显变大。由此可以得出结论，高温抑制蛋白酶活性，食盐几乎不影响蛋白酶活性。

经过上述研究，学生能够清晰地解释最初提出的研究问题——为什么菠萝咕噜肉中的菠萝不扎嘴？因为高温破坏了蛋白酶的空间结构，使其活性降低，不能再破坏口腔黏膜。同学们还提到，要想让这道菜肉质鲜嫩，可以先用新鲜菠萝汁腌肉块，提前完成一些蛋白质的水解。但是对于为何用食用盐水浸泡菠萝后无扎嘴的感觉这一问题，学生发现了与上述实验结果存在矛盾之处：通过实验结果可知食盐并不影响蛋白酶活性，但用盐水泡过的菠萝口感的确好了很多，这种现象如何解释呢？教师可以提示学生，需要进一步完善实验方案，确保实验结果的精准性，同时查阅资料，寻找新的解释思路。

在这个探究过程中，问题的产生源自学生的生活经验，需要结合已有的学科知识做出假设，再设计实验开展研究，在实验实施过程中不断改进研究思路和方案，学生的科学过程技能得到不断提升。当然，这样的研究还可以继续引向深入，可以引申出比如“不同离子对蛋白酶活性的影响”“蛋白酶活性的定量分析”等问题。

科学探究能力是一项具有复杂结构的高层次能力，它建立在多方面的知识和科学过程技能基础之上，但又并非简单的拼凑和集合。采用还原论的方法将科学探究能力分解为各组成要素再分别进行培养的做法是不可取的。而让学生经历真实的探究过程，在过程中培养高阶科学过程技能是提升和发展其科学探究能力的必要途径。

通过实验教学培养学生的科学过程技能，要避免忽略、弱化、模仿等不良的实验教学倾向，要与实验目的、实验活动内容要求相结合，明确育人方向，有效有序开展实验活动，充分利用技术培养学生的科学过程技能。

第二节　教育信息技术在科学过程技能培养中的应用

自 20 世纪 60 年代计算机被应用到教育领域以来，众多实践者、研究者和决策者都发现并认同信息技术对中小学教育有促进作用。随即，人们对教育信息技术与学科的融合做了大量的研究。概括来说，教师若想有效利用信息技术进行学科教育，就需要深入分析技术（technology）、教学法（pedagogy）、课程内容（content）、知识（knowledge）及其相互关联。

对于生物学与教育信息化融合来说，教师需要对学科本质、课程内容有准确的把握，对生物学教学法有深刻的理解，同时需要熟悉信息化技术的应用操作和特点，从而将教育信息技术与生物学教学深度融合，以此促进对学生科学过程技能的培养。

一、多媒体技术助力科学过程技能培养

现在所说的多媒体技术已经不是早期只将录音、录像等运用到课堂的多媒体组合教学（又称电化教学），而是利用计算机对文本、图形、图像、音频、视频等多种信息综合处理，建立内在逻辑关系和进行人机交互作用的技术。

对于生物学教学来说，所使用的多媒体技术一般有使人产生感觉的感觉媒体和为了加工处理感觉媒体而制造的表示媒体。感觉媒体作用于视觉、听觉、触觉等，是可以让学生产生直观感受的多媒体学习资源。表示媒体多指信息的表示和表现形式，比如文本、语音、图形、图像、视频等。简言之，多媒体技术将录入的文本、图像，录制的音频、视频等以不同途径应用到教学中。在教学中利用不同类型的多媒体技术，有利于培养学生的科学过程技能。

1. 创设利于科学过程技能培养的情境

教师通常希望学生能够在真实的生活情境中提出研究问题，进而分析和解决问题，希望他们能将生活中的情境作为科学过程技能培养的出发点。然而，因为不同的学生存在个体差异，导致一些学生的个体经验不能使大多数同学产生共鸣。多媒体技术可以改变这种状况，现场实录视频可以让学生融入当时的情境，引发思考。在“尿的形成和排出”这节课的教学伊始，教师播放了他带着部分学生探访做透析的患者和医生的视频，再提出“为什么要透析？”“肾脏在尿液形成中有何作用？”“透析的原理是什吗？”等系列问题。学生由此展开交流，初步形成尿液形成过程的模型，最后有学生提出便携式、自带式“人工肾”的设想。整个过程不仅融入了

科学过程技能的培养，还融入了一些工程学的想法，更在潜移默化中提高学生对生命的敬畏心，影响了他们的职业规划，提升其社会责任意识。

2. 突破宏观与微观认知的局限

多媒体视频可以展现特别宏大的场景，比如在学习不同类型的生态系统时，教师能够通过多媒体很好地引导学生带着诸如“生态系统的组成”“生态系统中各组分之间的关系”“生态系统的功能”等问题进行观察，进而实现分类、推理乃至引导建构模型。在“真核细胞的结构与功能”部分教学中，教师在 PPT 中展现各种细胞结构的电镜照片、模式图、模型照片，以及分泌蛋白质的合成与分泌的动画。这有利于学生突破现实认知的局限，对细胞器、细胞的生物膜系统进行分类综合，构建细胞膜模型、真核细胞结构模型，形成系统的观念。

3. 给予丰富的图文信息资料支持

在科学过程技能的培养过程中，基于材料支撑的引导与进阶学习是必不可少的。多媒体技术能够提供多种形式的素材资料，如科学史、科学实验过程、实验数据等。比如，在“光合作用的发现”“光合作用原理”的教学中，教师利用多媒体技术呈现丰富的图文信息（此处仅展示部分提纲）：①亚里士多德（Aristotle）认为植物生长所需的物质完全依靠于土壤；②海尔蒙特（J.B. van Helmont）认为植物的重量主要是来自水而不是来自土壤；③普利斯特利（J. Priestley）提出植物可以净化空气；④英格豪斯（J. Ingenhousz）发现植物只有在光照下才能净化空气；⑤斯内伯（Jean Snebier）发现 CO_2 是光合作用必需物质；⑥索热尔（N.T. de Saussure）证实光合作用还有水参与反应；⑦威尔斯塔特（Willstatter）等提纯叶绿素并阐明其化学结构……教师充分利用每一段科学史，要么引导学生做出假设，要么分析实验结果（解释数据），要么进行推理、交流或者分析实验本身（如萨克斯实验、恩吉尔曼实验、鲁宾和卡门实验等），最终建构出光合作用过程与场所的概念模型。这种能够形成思维链条的学习资料支撑得益于多媒体所带来的方式变革，也是多媒体技术应用于科学过程技能培养过程的最常见形式。

4. 预设多种课堂生成

如果从生物学现象出发，引导学生做出假设，往往会有多元化的课堂生成。由此，教师围绕着学生科学过程技能的培养过程可以在备课时做出多种预设，然后适时（一般是在学生说出自己的想法之后）进行多媒体呈现。比如就“英国曼彻斯特地区的桦尺蠖在 19 世纪中期以前，体色几乎都是浅色的，在 20 世纪中期，由于环境污染，黑色桦尺蠖却成了常见类型”这种现象，学生可能做出“因为体色差异大的桦尺蠖易被天敌发现而捕食”“体色比例变化是环境变化引起的”“体色比例变化是因为种群迁出”等假设，教师可以课前把这些假设放入 PPT 中，从而在课堂中能够继续引导学生对不同假设进行交流讨论，并寻找支持相应假设的证据。

此外，多媒体展示的资源还可以用于模仿、实验方案（过程）设计、模型解读评价（校正）等。总之，基于多媒体技术应用而增加的交互性为学生和教师提供了更加充分的时间以充分使用学习资源，增加学生对信息的理解和关注，有利于生物学科学过程技能的培养。特别是在班级授课条件下，多媒体功能的充分开发和利用显得尤为重要。

二、移动终端带来的超时空互助

当下，随着互联网的发展，远程的、超越时空界限的学习协作成为一种普遍现象。对于生物学科学过程技能的培养来说，互联网使人们能够便捷地获取资源。在互联网的支持下，使用手机、笔记本、平板电脑等移动终端就可以实现随时随地的学习。

1. 提供海量选择

基于互联网的数字资源十分庞大，给教师的备课提供了巨大便利，同时也给学生主动的高阶学习活动提供了多种支撑。这种资源的利用，可以从生物课程伊始就进行。比如，高中一年级伊始，教师布置课前学习任务，让学生查找资料并回答什么是生命。对于学生来说，可以利用互联网获得对该问题的多个角度的解读。课堂之上，教师引导交流，进一步追问：“生命从何而来？”学生回答：“起源于无机自然界。”教师追问：“如何起源？有哪些证据（或学说）支持？”学生再查资料……在问题的指引下，学生不断获取信息再进行交流。以此延伸，不间断地引导学生从生命起源到生物进化阶段进行分析，然后结合已知数据和证据进行推理论证，持续培养学生的科学过程技能。

从学生的主动学习层面分析，学生可以不必按照授课教师的指引，而按照自己的想法并从网络获取资源，比如科学史、实验视频、模拟视频等。一些学有余力的学生甚至可以在“网易公开课”“学堂在线”等慕课平台上学习大学课程。

2. 进行远程指导

如今，在线学习方式已经成为通用的学习形式。对于生物学科学习而言，依据线上教学的特点，教师应该及时调整，精心设计课程，充分发挥“互联网 + 教育”的优势，实现远程指导。比如，对学生的家庭实验进行指导。教师布置“种子萌发”系列家庭实验，学生先对种子的外形、颜色等进行大致的观察，然后进行种子萌发实验。教师可以选择部分学生进行远程语音、视频指导。（1）指导学生观察，让学生除观察外形颜色之外，可以查看内部结构，比较不同种子的外部形态和内部结构，归纳共性。（2）引导学生进行变量控制，引导他们思考：除教材中提到的温度、水、氧气影响种子萌发之外，还有没有其他因素影响种子萌发？土壤浸出液是否促进种子萌发？如果是被污染的土壤呢？（3）指导学生进行结果预测，引导他们思考：怎样衡量各种条件对种子萌发的影响？怎样计算萌发率？只看萌发率是否足以支撑结论，从而实现一定程度的可操作性定义？（4）继续引导学生观察，并思考以下问题：萌发出的幼苗生长有什么特点？这些特点是否与环境中某种因素有关？（此时教师有必要通过远程视频帮助学生观察分析）（5）如果观察到幼苗出现了弯曲、黄化等现象，需要引导假设，再设计实验……

当然，也可以在共享的平台中录制一些指导视频，让这些个性化指导的过程结合互联网技术，便利地实现教学。需要注意的是，这里的指导并不限于教师提供的指导，还可以是某一领域的专家、具体掌握某项技术和从事某类生产活动的工作者提供的指导和支持。

3. 实现多维互动

移动互联网一个非常突出的特点就是整合，利用互联网进行生物学习，其意义之一在于众多参与者能进行互动，实现诸多智慧碰撞。

其一，探究性学习中的“提出问题”“做出假设”“设计实验方案”等活动可以由班级（小组）利用移动终端上的软件，实现远程多人在线编辑文档。由于学生之间存在观察、分析、已有知识和经验的差异，因此可以让问题变得更加丰富，这不仅能够让教师了解更多学生的情况，也有助于形成完整的科学研究设计方案。比如，基于“探究酵母菌的细胞呼吸”这个学习主题，学生前期在线上进行了“实验目的”“实验中自变量”“实验装置”“实验操作步骤”的讨论，做出“探究有氧和无氧条件对酵母菌细胞呼吸的影响”“探究氧气浓度对酵母菌细胞呼吸的影响”“探究酵母菌细胞呼吸的场所”等课题，并进一步做出假设，设计实验方案，最终实施“探究有氧和无氧条件对酵母菌细胞呼吸的影响”这个实验。

其二，利用直播课堂、网络会议、平台留言等工具，可以实现学生与学生（一对一、一对多、多对多）、教师与学生（一对一、一对多）线上交流。交流的内容可采用图表、统计图、公式、文字描述、符号、模型等多种形式，从而增加了内容互动的广度与深度（内容）。

在互动中，一些不成熟的想法和有所欠缺的方案逐渐完善，极大地促进了学生科学过程技能的培养。

4. 外显思维过程

科学过程技能中起着决定性作用的是科学思维品质。然而，思维过程往往是内隐的，教师往往只能够通过一些促进思维外显的方式，了解学生的思维过程，从而实现引导，促进科学过程技能的培养。

例如，在“细胞增殖”的教学中，教师利用了平板电脑进行教学，主要过程如下。

首先，教师用平板电脑推送微视频（节选自国家地理纪录片《子宫日记》），提出问题串：

（1）细胞的控制中心是什么？

（2）为什么细胞核是细胞生命活动的控制中心？

（3）一个细胞分裂成两个子细胞时，最重要的是哪种物质的分配？这种物质是如何存在的？

学生可以根据自己的实际情况进行慢放、回看或快进，观看“由受精卵发育成婴儿个体”的过程，思考问题并试图解答，教师可以根据学生行为粗略判断他的思维状态。

……

知识基础：细胞分裂最主要的就是将遗传物质精准地分配到子细胞中，要想实现染色体（或DNA）的均分，首先会发生什么样的生理过程？（复制）

此时，追问：复制后的结果会是怎样的？这样的复制结果又会怎样进一步分配到子细胞中去？（复制后形成姐妹染色单体，复制后形成染色体）引导学生做出假设。

学生进行小组讨论，在平板电脑上完成过程的推测，并用简图表示（见图5-9）。

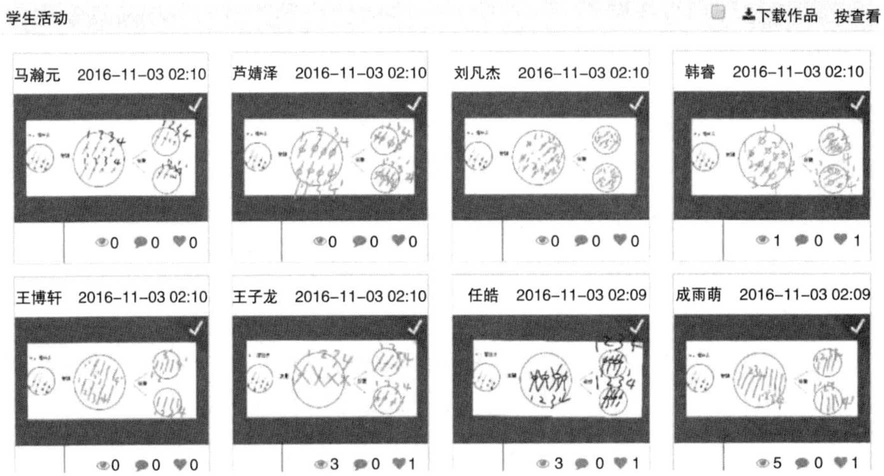

图5-9　基于复制结果的不同假设及分裂过程推理

根据学生的绘图可以知道他们的假设与推理，进一步分析“精确平均分配的机制”，再用实验结果与之比较，最后形成细胞有丝分裂的模型。

这节课的设计立足于科学过程技能培养，充分发挥了平板电脑互动教学的特点，给课堂带来了更丰富的交互活动，也给思维带来了更大的创造空间。

5. 记录学习经历

大部分学习平台都能够比较完整地记录个人的学习过程，形成学习档案。如果能够很好地融入科学过程技能培养的评价指标，将更好地促进“互联网＋教育”的发展。比如，一些平台可以记录班级和个人课堂互动交流状况（见图 5-10），图 a 显示班级教学中学生之间的互动交流情况，可以看出，部分学生参与度不够；图 b 显示该生在利用平板进行学习时，与同伴之间互动交流频度及形式。

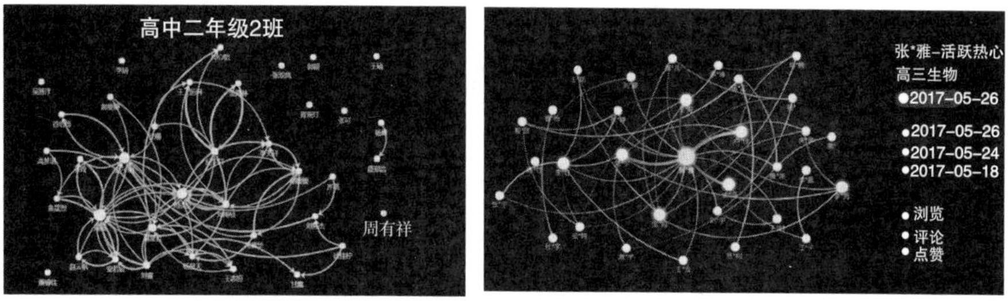

a. 班级课堂互动交流状况　　　　b. 个人课堂互动交流状况

图 5-10　班级和个人课堂互动交流状况分析

相较于其他分析形式来说，互联网教学能够获得学生学习的大量数据，再加上教师有目的的分析，可以使课堂更科学。

三、虚拟实验技术带来的快捷

在以信息技术和数字技术为代表的新一轮技术革命引发的产业革命中，教育教学的资源、教与学的方式都产生极其深远的变化。尤其是教育部发布的《教育信息化 2.0 行动计划》更凸显从应用融合发展，向创新融合发展转变的新需求，也为科学过程技能的培养提供了新契机。其中，虚拟实验技术就有着非常独特的价值。

1. 突破传统实验的局限

虚拟实验技术既可以实现有限空间的中学生物学实验探究全覆盖，又可以在不产生实际试剂耗材损耗的条件下突破传统实验室的局限。

在传统实验室里，有一些涉及危化品和设备的实验不便让学生独立操作，比如放射性同位素标记实验。但如果运用虚拟现实技术，就能让学习者通过虚拟实验室有机会尝试实验，体验实验过程，获得实验结果。

对于耗时较长、步骤烦琐的实验，学生也可以通过虚拟实验技术在短时间内完成。例如，对于遗传定律的实验，如果用果蝇做实验往往要好几个月甚至更长的时间，而虚拟实验却可以在短时间内完成并获得结果。这样就实现了时间上的高效管理。

又如，针对不同类型生态系统的研究，可以通过虚拟场景还原真实宏大的现场，转移研究的空间，克服时空障碍，提高学习效率。学习者通过虚拟实验场景设备来感受反馈，建构对事实的理解，逐步形成科学过程技能。

另外，近乎真实的虚拟实验不仅可以替代实验器材产生结果，且不会受到场地、天气、温度等外部条件的影响。虚拟实验场景不会因为学习者操作失误而导致一些安全事故的发生，进而为实验操作过程安全提供保障。

2. 改变认知方式

有些生物学学习场景受限于抽象思维的方式，学习者的操作技能、观察技能和想象力失去依托，难以有效地构建概念，科学过程技能的培养也由此受限。虚拟实验过程中可以融入一些利于认知的元素，比如 VR 技术的浸入式体验、三维动态模型等，可以激发学习者的兴趣，提高学习效率，培养学习者的能力。例如，在研究细胞的结构与功能时，可以将研究对象深入到分子甚至原子水平，让学生借助工具，畅游于微观世界的虚拟情境中，产生身临其境的感觉，观察细胞内的分工合作、物质运输、细胞核对细胞生命活动的控制等场景，加深对生命系统结构和功能的理解。以叶绿体为例，利用三维虚拟技术可以在屏幕上呈现叶绿体模型。学生可通过手指在屏幕上进行多种交互操作，如放大、旋转、拆解其结构，同时触发光合作用过程，分析光合作用过程中物质和能量的变化。学生能在虚拟情境中总结发现、深度思考交流，最终得出结论，从而有力地辅助科学过程技能的培养。

3. 试错与巩固

正确理解实验步骤有助于深入认识实验原理和对实验现象进行解释，

能够直接作用于操作定义的产生。但有些实验操作烦琐，步骤过多，实验中加入的试剂较多，且试剂的加入有特定顺序（如叶绿素的提取实验、DNA 的粗提取与鉴定等），仅仅依靠课堂上的一次操作，很难让学生完全理解。而虚拟实验技术特有的交互性和便利性可帮助学生在虚拟的世界里做“真实”的操作，可以不断试错，直到学生完全形成内化的科学过程技能为止（见图 5-11）。

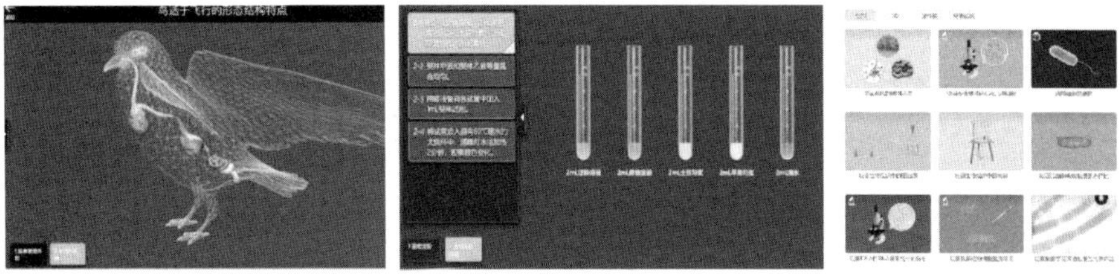

图 5-11　在线模式虚拟实验截图（实验可以随时进行）

在科学过程技能的培养过程中，做出假设、设计并实施实验等项目因受时间场地的限制，往往无法形成一个连续的学习“流水线”。在虚拟实验条件下，各个环节都可以在实验平台上完成，可以实现实验后的反思和修正。

第三节　技术综合与学科融合在科学过程技能培养中的应用

科学过程技能涉及进行科学研究的过程，这些技能因所从事的研究类型不同而不同，但是通常都包括通过科学方法而进行的工作，这些工作既包括实验研究，也包括历史研究。生物学过程技能是以基本动作技能和基本认知技能为基础，由诸多过程技能构成的以科学探究技能为核心的技能体系。由此看来，单一的技术或者彼此完全独立的学科课程体系已经无法承载科学过程技能的培养，需要走向综合和相互融合。

一、学科专用教室的技术融合带来多种支撑

大多数生物学实验室缺少教育信息技术设备，无法满足系列科学过程技能的培养需求。因此，将实验技术与教育信息化技术进行统整，打造学科专用教室是一个具有现实意义的做法。

专用教室应该具有的功能至少包括：（1）满足不同学习状态的空间布局，包括开放实验区（涉及用水或其他试剂设备）、理论学习研讨区（包括小组学习研讨区、展示交流区、教育信息化设备区）；（2）满足学习所需的设备设施，实验区包括基本的实验设施（包括实验台、水池、水电光源和展示交流平台等），实验器材（包括试管、烧杯、研钵、显微镜、水浴锅等）。实验器材需要充分利用边台、吊柜、台下柜存放。理论学习研讨区包括小组活动的拼装桌椅、展示交流平台、移动学习终端（可接显微镜、外网平台）、图书资料、充电柜、黑板和触屏显示器等。如果在硬件运行管控中引入物联网技术就更加有利于体现技术存在的价值了。

基于硬件支撑，很多科学过程技能就有了更加顺畅的培养依托。比如，在“探究环境因素对光合作用的影响”实验中使用传感器、外接电脑和其他显示设备，可以很方便地生成光合作用曲线，使用连续录制或者间断拍摄就可以对电泳过程进行分析等。

二、项目式学习中的技术融入促进科学过程技能的全面培养

科学过程技能是完成一定任务的活动方式，而能力是个体为顺利完成任务所具备的个性特征。生物学科学过程技能的养成又可促进各种能力的发展，科学过程技能的内涵中，综合技能是在基本技能的基础上发展起来的，基本过程技能是综合技能的基础。

在生物学项目式学习中，以项目推进为依托，以问题探究与解决为方向，综合多种技术手段，能全面培养生物学科学过程技能。比如，在“发酵的奥秘”项目中，教师巧妙地将科学过程技能的培养融入课程内容和活动中。

（1）制作馒头。观察对比加入酵母粉和未加酵母粉的面团（体积、气孔等），引入面粉、水、酵母粉用量的控制等变量控制思想。思考发酵

的原因，推测酵母菌的作用。

（2）利用显微镜观察酵母菌。观察酵母菌的形态、结构、出芽生殖等，与其他真核生物相比较。设置葡萄糖浓度、温度等变量，利用血球计数板进行统计，建立酵母菌种群数量变化模型。同时注意无关变量的控制。引导学生思考影响种群数量变化的因素，以及这些因素如何影响酵母菌增殖。

（3）探究酵母菌的细胞呼吸。做出假设，探究酵母菌在有氧和无氧条件下细胞呼吸的产物、反应场所，对酵母菌的呼吸强度进行测定，探究不同条件下酵母菌的呼吸强度。统计和分析数据，构建曲线模型。引导部分学生拓展出巴斯德效应的研究。

（4）酿制果酒。综合实验结论和互联网资料确定接种量、发酵温度等。设计利于控制发酵条件和方便检测的装置，按照小组拟定的方案制作果酒。

……

技术与项目进程紧密结合，基本过程技能与综合过程技能相互依存，每一项过程技能都得到一定程度的培养，学生解决问题的能力得到提高，学科核心素养得以落实。

三、综合实践活动中的技术应用引发科学过程技能的真实展现

综合实践活动是培养科学过程技能的良好载体，也是展现科学过程技能的舞台。技术的融入让这一切变得顺理成章。比如在某森林公园的综合实践活动中，事先设置一定的科学主题，如“植被对PM 2.5的净化作用”“植物色素探秘”等。根据主题，制作工具、试剂材料“科学盒子”，编制任务单（如下示例）。

综合实践活动任务单

万山红遍，层林尽染——植物色素探秘

（1）各小组在特定区域内自行选择采集3种不同的新鲜植物叶片。

（2）提取绿叶中的色素。首先，称取5 g新鲜叶片，剪去主叶脉，剪碎，放入研钵中；其次，向研钵中加少许二氧化硅和碳酸钙，再加入5～10 mL无水乙醇，迅速、充分地进行研磨（二氧化硅有助于研磨的充分，碳酸钙

可防止研磨时色素被破坏）；最后，将研磨液迅速倒入玻璃漏斗（漏斗基部放一块单层尼龙布）进行过滤。将滤液收集到试管中，及时用棉塞将试管口塞严。

（引导学生想一想，如果想提取细胞液中的色素，是不是同样操作？）

（3）透过透视光（正对太阳光）观察植物色素的颜色。接着在反射光（背对太阳光）下观察植物色素的颜色。查阅资料，探究在透射光和反射光下色素溶液发生颜色变化的原因，理解细胞中色素的作用。

（4）制备滤纸条。将干燥的定性滤纸剪成宽度略小于试管直径、长度略小于试管长度的滤纸条，再将滤纸条一端剪去两角，并在距这一端底部 1 cm 处用铅笔画一条细的横线。

（5）画滤液细线。用毛细管吸取少量滤液，沿铅笔线均匀地画出一条细线，也可将滤液倒入培养皿，再用盖玻片蘸取滤液，在横线处按压出均匀的细线。待滤液干后，再重画 1 ～ 2 次。

（6）分离绿叶中的色素。将适量的层析液倒入试管中，将滤纸条（有滤液细线的一端朝下）轻轻插入层析液中，随后用棉塞塞紧试管口。注意不能让滤液细线触及层析液。也可用小烧杯代替试管，用培养皿盖住小烧杯。

（7）观察与记录。观察试管内滤液条上出现了几条色素带，以及每条色素带的颜色和宽窄，将结果记录下来。对比不同叶片的色素带的差异。小组间分享交流观察结果。

（8）用色素溶液进行艺术创作，完成后进行展示和交流。

（9）每个小组提出一个有关“影响彩叶植物叶色变化的环境原因”的合理猜想（如温度、水分、光照等），并提出研究思路、预测结果和相应结论。

在此项活动中，学生有明确的任务，也有清晰的过程性安排。在实验技术（进行实验提取与分类色素、做出假设、设计实验等）和教育信息技术（查阅他人研究成果，整理出实验思路等）的支持下，综合实践活动成为一个科学之旅，走向真实的“综合”，避免流于形式的活动。

四、融合技术和思辨的 SSI 学习触动对科学过程技能的超越

社会性科学议题（Socio-scientific issue，简称 SSI）指与科技相关的社会问题，例如生态失衡、环境污染、能源枯竭等系列问题，都是复杂、开放且充满争议的问题。基于 SSI 教育，注重围绕社会性科学议题进行有效建模、推理与论证等科学实践活动，让学生在讨论与决策议题解决方案的过程中提升科学认知与伦理道德水平，从而促进学生科学素养的整合性发展。

例如，在“碳中和”这个课程主题单元中，主要内容如下。

【单元主题】

科学知识主题：温室效应、生态系统的物质循环、化石燃料燃烧、机械效率、产能关系。

科学实践：科学建模、基于证据的推理。

社会性科学议题：实现“碳中和”的途径有哪些？（节能减排就是要放缓发展速度吗？）

【驱动性问题】

“碳中和”是什么？温室效应有哪些影响？温室效应是怎样产生的？如何降低碳排放？如何降低大气碳含量？

怎样在低碳条件下实现高速发展？

【学习目标】

（1）基于资料查阅，分析温室效应的形成及影响。

（2）基于地球大气模型，说明温室气体 CO_2 对温室效应的影响。

（3）基于资料分析，了解“碳中和”模型。

（4）基于实验类比，阐明大气 CO_2 的转化途径（化学、生物）。

（5）基于实验建立大气中 CO_2 的固定及其影响因素模型。

（6）基于资料查阅，分析降低 CO_2 排放的途径。

（7）基于资料分析，了解当下经济发展与 CO_2 排放的关系。

（8）综合信息，建构“碳中和”模型，提出可能的建议。

这个课题涵盖了生物、物理、化学、地理学科的内容，涉及多项科学过程技能的培养，还需要互联网提供大量的信息支撑，也需要从经济发展

与国际关系（碳排放与发展权）、政府决策等多个层面分析问题。课程从结构不良的问题出发，将生物学科学过程技能与其他学科相互融合，同时在充满争议和思辨的过程中实现对科学过程技能的培养，借此培养学生逐步成长为有正确的价值追求的社会人。

技术对培养学生生物学科学过程技能的贡献不是表象所显示的操作，更重要的是引发和启迪，只要我们愿意跳出唯知识、唯分数的桎梏，追求学科本质和育人本质，就一定能够让生物学的教与学变得更加贴合时代的需求。

○ 参考文献 ○

［1］布鲁纳，钟启泉．教学论的定理［J］．外国教育资料，1987（1）：41-50.

［2］陈丽君，郑雪．问题发现过程认知阶段划分的探索性研究［J］．心理学探新，2011，31（4）：332-337.

［3］董梅．教学设计模式的建构框架［J］．电化教育研究，2015，36（7）：20-27.

［4］杜威．我们如何正确思维：芝加哥大学的精品思维课［M］．常春藤国际教育联盟，译．北京：现代出版社，2017.

［5］杜秀芳，张承芬．科学探究学习：心理学的研究视角［J］．教育导刊，2007（6）：11-14.

［6］杜秀芳，张承芬．科学探究的认知机制研究述评［J］．心理科学，2007，30（2）：391-393，336.

［7］樊琪．科学探究技能的内隐与外显学习的比较研究［J］．心理科学，2005，28（6）：1375-1378，1374.

［8］冯莉．体验生物科学探究：基于案例的探究活动实验设计［M］．北京：高等教育出版社，2004：32.

［9］高文．建构主义研究的哲学与心理学基础［J］．全球教育展望，2001（3）：3-9.

［10］龚正元．化学课程中的科学过程技能研究［D］．上海：华东师范大学，2007.

［11］胡继飞．关于生物学实验技能的测评问题［J］．生物学通报，2002，37（9）：34-36.

［12］李颖慧．中学生物观察能力评价指标体系建立的实验研究［D］．北京：首都师范大学，2000.

［13］李正风．实践建构论：对一种科学观的初步探讨［J］．哲学研究，2006（1）：65-71.

［14］刘恩山．课程内容少而精 教学过程重实践：高中生物学课程标准修订中期待完善的内容［J］．基础教育课程，2013（Z1）：67-70.

［15］刘恩山．生命观念是生物学学科核心素养的标志［J］．生物学通报，2018，53（1）：18-20.

［16］卢姗姗，毕华林．从“科学探究”到“科学实践”：科学教育的观念转变［J］．教育科学研究，2015（1）：65-70.

［17］马明辉．美国科学教育发展的新阶段：作为实践的科学［J］．外国教育研究，2012，39（7）：35-42.

［18］MERRILL M D，盛群力，马兰．首要教学原理［J］．远程教育杂志，2003（4）：20-27.

［19］马晓俊．科学实验的哲学研究［D］．上海：复旦大学，2007.

［20］帕迪利亚. 科学探索者：地球上的水［M］．俞水根，鲍海君，郑升，等译. 杭州：浙江教育出版社，2003：191.

［21］秦晓文. 科学探究中提出问题的教学策略［J］.课程・教材・教法，2016，36（5）：118-121.

［22］邵江樵．运用变量分析思想构建实验步骤的设计模式［J］．中学生物教学，2007（3）：49-51.

［23］盛群力．教学设计的基本模式及其特点［J］．广州大学学报（社会科学版），2006，5（7）：32-37.

［24］盛群力，马兰．简论教学设计的重要理念［J］．教育科学研究，2006（9）：38-40.

［25］盛群力，魏戈．聚焦五星教学［M］．福州：福建教育出版社，2015.

［26］孙宏安．科学教育概论［M］．大连：辽宁师范大学出版社，2002：73.

［27］孙汭，魏海明，田志刚．研究生实验记录的培训和规范化管理［J］．学位与研究生教育，2010（4）：26-29.

［28］唐小为，丁邦平．“科学探究”缘何变身“科学实践”？：解读美国科学教育框架理念的首位关键词之变［J］．国际视野，2012（11）：141-145.

［29］王健，李秀菊．5E 教学模式的内涵及其对我国理科教育的启示［J］．生物学通报，2012，47（3）：39-42.

［30］王健，刘恩山．生物学教育中的科学过程技能［J］．生物学通报，2007，42（11）：33-35.

［31］王晶莹．科学探究论［M］．上海：华东师范大学出版社，2011：163.

［32］王磊，黄鸣春，刘恩山．对美国新一代《科学教育标准》的前瞻性分析：基于 2011 年美国《科学教育的框架》和 1996 年《国家科学教育标准》的对比［J］．全球教育展望，2012（6）：83-87.

［33］王美岚，王琳．布鲁纳的发现学习及其启示［J］．当代教育科学，2005（21）：42，45.

［34］魏丹，蔡和连，张海，等．教育信息技术实践核心影响因素研究［J］．软件导刊（教育技术），2012，11（9）：93-95.

［35］吴成军，张敏．美国生物学“5E”教学模式的内涵、实例及其本质特征［J］．课程·教材·教法，2010，30（6）：108-112.

［36］吴银银．科学过程技能及其培养策略［J］．当代教育与文化，2011，3（2）：101-104.

［37］夏利宁，郭俊先，赵红琼，等．如何培养研究生养成科学的实验记录方法［J］．黑龙江畜牧兽医（上半月），2015（8）：258-260.

［38］肖少北．布鲁纳的认知：发现学习理论与教学改革［J］．外国中小学教育，2001（5）：38-41.

［39］肖思汉，SANDOVAL W A. 科学课堂上的“探究”与“实践”有何不同［J］．课程·教材·教法，2017，37（12）：110-115.

［40］熊士荣，徐进．发现学习、接受学习、探究学习比较研究［J］.

教师教育研究，2005，17（2）：5-9.

［41］徐学福.美国“探究教学”研究30年［J］.全球教育展望，2001（8）：57-63.

［42］许应华，徐学福.论科学假设能力的结构与培养［J］.课程·教材·教法，2012，32（4）：86-91.

［43］杨华，卢美玉.科学探究中问题的发现、形成与表述［J］.生物学通报，2011，46（7）：42-44.

［44］中华人民共和国教育部.普通高中生物课程标准（实验）［M］.北京：人民教育出版社，2003：8-9.

［45］中华人民共和国教育部.义务教育初中科学课程标准（2011年版）［M］.北京：北京师范大学出版社，2012：11.

［46］中华人民共和国教育部.普通高中生物学课程标准（2017年版2020年修订）［M］.北京：人民教育出版社，2020：2.

［47］钟启泉.现代教学论发展［M］.北京：教育科学出版社，1992.

［48］ARENA P. The role of relevance in the acquisition of science process skills［J］. Australian science teachers journal，1996，42（4）：24-38.

［49］BASS J E，CONTANT T L，CARIN A A. Teaching science as inquiry［M］. 11th ed. Boston，MA：Allyn and Bacon，2009：45.

［50］BEAUMONT-WALTERS Y，SOYIBO K. An analysis of Jamaican high school students' integrated science process skills performance［J］.Foreign countries，2000：24.

［51］BROTHERTON P N，PREECE P F W. Science process skills：their nature and interrelationships［J］. Research in science and technological education，1995，13（1）：5-11.

［52］BUNTTING C，MACINTYRE B，FALLOON G，et al.Science in the New Zealand curriculum［EB/OL］.（2012-12-01）［2021-08-06］. https：//www.waikato.ac.nz/_data/assets/pdf_file/0010/139375/science_in_the_

nz_curriculum.pdf .

［53］BURNS J C， OKEY J R， WISE K C. Development of an integrated process skill test：TIPS Ⅱ ［J］.Journal of research in science teaching，1985，22（2）：169-177.

［54］Department of Education. Canada national science education standards ［EB/OL］.［2020-07-02］.https：//www.gov.nu.ca/.

［55］DEWEY J. How we think ［M］. New York： D. C. Heath and Company Publishers， 1910： 74.

［56］DILLASHAW F G， OKEY J R. Test of the integrated science process skills for secondary science students ［J］. Science education，1980， 64（5）： 601-608.

［57］ELEN J， CLARK R E. Handling complexity in learning environments：theory and research ［M］. Bingley：Emerald Group Publishing House， 2006： 265-282.

［58］EVANS J T. In two minds：dual-process accounts of reasoning［J］. Trends in cognitive sciences， 2003， 7（10）： 454-459.

［59］FUNK J H. Learning science process skills ［M］. Iowa：Kendall/Hunt Publishing Company， 1985： 5-17.

［60］GAGNE R. The conditions of learning［M］.4th ed.California：Wadsworth Publishing Company， 1985： 22-30.

［61］KANIS I B， DORAN R L， JACOBSON W J. Assessing science laboratory process skills at the elementary and middle/junior high levels ［M］. New York：Columbia University， 1990： 1-10.

［62］KLAHR D， DUNBAR K. Dual space search during scientific reasoning ［J］. Cognitive science， 1988， 12（1）： 1-48.

［63］KUHN D. Why development does （and does not） occur：evidence from the domain of inductive reasoning ［M］// MCCLELLAND J L ， SIEGLER R S. Mechanisms of cognitive development：behavioral and neural perspectives. New York：Psychology Press，2001.

［64］LEDERMAN N G， ABELL S K. Handbook of research on science education［M］. New York： Routledge， 2014.

［65］MERRILL M D. First principles of instruction［J］. Educational technology research and development， 2002， 50（3）： 43-59.

［66］MERRILL M D. First principles of instruction： identifying and designing effective， efficient， and engaging instruction［M］. San Francisco， CA： Pfeiffer， 2013： 21-22.

［67］National Research Council. National science education standards［M］. Washington， D.C.： The National Academies Press， 1996： 2.

［68］National Research Council. A framework for K-12 science education： practices， crosscutting concepts， and core ideas［M］. Washington， D.C.： National Academies Press， 2012.

［69］OSTLUND K L. 科学探究过程技能评价手册［M］. 王春华，主译. 北京：高等教育出版社，2004：过程技能 i.

［70］PADILLA M J. The science process skills［EB/OL］.（1990）［2021-8-17］.https：//narst.org/research-matters/science-process-skills.

［71］RUTHERFORD F J， AHLGREN A. Science for all Americans［M］. New York： Oxford University Press， 1990： 3-12.

［72］SCHWAB J J， BRANDWEIN P F. The teaching of science［M］. Cambridge， MA： Harvard University Press， 1962： 3-103.

［73］SETTLAGE J，SOUTHERLAND S A. Teaching science to every child： using culture as a starting point［M］. 2nd ed.New York： Routledge， 2011： 172.

［74］Singapore Ministry of Education.Curriculum Planning and Development Division.Science syllabus（primary）［EB/OL］.［2021-08-06］. https：//libris.nie.edu.sg/sites/default/files/sc2001.pdf.

［75］Singapore Ministry of Education.Curriculum Planning and Development Division. Science syllabus （lower secondary）［EB/OL］.［2021-08-06］. https：//libris.nie.edu.sg/sites/default/files/sc2005.pdf.